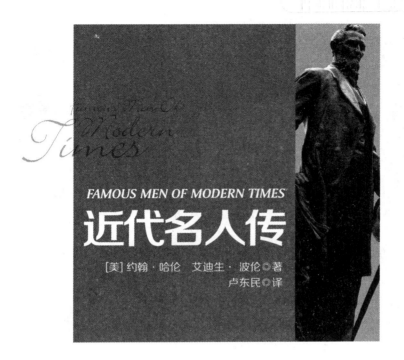

FAMOUS MEN OF MODERN TIMES

近代名人传

[美] 约翰·哈伦　艾迪生·波伦◎著

卢东民◎译

国际文化出版公司

· 北京 ·

图书在版编目（CIP）数据

近代名人传／（美）哈伦，（美）波伦著；卢东民译．—北京：国际文化出版公司，2016.4
（美国小学生读的名人传）
ISBN 978-7-5125-0832-3

Ⅰ．①近… Ⅱ．①哈… ②波… ③卢…Ⅲ．①历史人物－列传－世界－近代 Ⅳ．① K812.4

中国版本图书馆 CIP 数据核字（2016）第 013695 号

近代名人传

作　　者　[美]约翰·哈伦　艾迪生·波伦
译　　者　卢东民
责任编辑　潘建农
统筹监制　葛宏峰　张　坤
策划编辑　闫翠翠　周书霞
美术编辑　秦　宇
出版发行　国际文化出版公司
经　　销　国文润华文化传媒（北京）有限责任公司
印　　刷　三河市同力彩印有限公司
开　　本　880 毫米 ×1230 毫米　　　32 开
　　　　　7.5 印张　　　　　　　　154 千字
版　　次　2016 年 4 月第 1 版
　　　　　2018 年 12 月第 2 次印刷
书　　号　ISBN 978-7-5125-0832-3
定　　价　25.00 元

国际文化出版公司
北京朝阳区东土城路乙 9 号　　邮编：100013
总编室：（010）64271551　　传真：（010）64271578
销售热线：（010）64271187
传真：（010）64271187-800
E-mail：icpc@95777.sina.net
http://www.sinoread.com

前　言

◎ 约翰·哈伦

　　应该慎重地指出，这部书是这套系列丛书的第四本，也是最后一本。创作这套丛书的明确目的是为了发掘一种对历史研究的浓厚兴趣。

　　这四本书的名字依次是《希腊名人传》《罗马名人传》《中世纪名人传》和《近代名人传》。这些书的特有标题同时向教师和学生传达了在此追求的历史教学方法就是通过传记知识来接近它，毋庸赘言，在这方面，先前的几本已经非常成功。

　　人生中，有些事情会向生活散发出独特的魅力。活着的人（可能是一位士兵、船员、政治家或者英雄）形成了一个固定和持久的中心，围绕着这个中心，学生能够搜集到这个人所在国家的突出事迹。

　　讲征服格拉纳达，而不涉及费迪南德和伊莎贝拉的参与和支持；讲新大陆的发现，而不涉及克里斯多弗·哥伦布的生平故事；讲伽利略和牛顿的辉煌成就，而不涉及缔造了他们的令人激动的事件；或者仅仅记录意大利的独立或者我们内战的胜利，而不涉及加里波第和林肯的相关知识；这些事件在一般学生的心中都不会留下深刻的印象。

但是，当人们的苦难和抗争，悲痛和喜悦，同这些运动中鲜活的生命连接在一起的时候，叙述就变得更加让人着迷，在每位学生的精神、记忆和内心深处也会占有一席之地。贯穿整套丛书，这一点都是确认无疑的。

在本套丛书前几册的前言中，已经很有说服力地指出："孩子几乎会无意识地将自己同过去的这些伟大的英雄人物联系在一起，以及发现自己会想着如果同样被置身于这种境况该何去何从，还会用自己的方式重新体验一下他们的生活。"

世上可能没有什么比这里尝试的方法可以更快地捕获学生的注意力，也可能没有什么比这里尝试的方式可以更有把握地保留住它了。这仅仅是用另一种方式说明，不存在也不可能会有任何比历史中的人和事结合在一起的方式，更加真实或有效地使年轻人熟悉历史中的重要事实。

贯穿全书的大量漂亮的插图在某种意义上也会非常有帮助。

通过传记来研究历史，就好像通过摄取合理而有营养的食物来获得成长和力量一样自然。一方就是另一方合乎逻辑的结果。

在历史中感受生命的震颤，会消灭研究带来的所有枯燥和沉闷。这一点对教师和学生来说，同样是具有价值的帮助。我们以此作为撰写本书的目的，同时希望并相信，我们会达到这个目的。

最后，作者们要向尊敬的马克威克博士表示感谢，因为他在编辑和修改手稿以及阅读校样的时候提供了有价值的帮助。

C目录
ontents

第一章　伟大的洛伦佐

从罗马帝国衰落到美洲被发现这一千多年的时间里，通常被称作中世纪，它是介于古代和现代之间的一个时代。

这是个非常动荡不安的时代。早期的时候，野蛮人横行欧洲，几乎将所有的文明痕迹破坏殆尽。后来，通过教会的努力，他们才被置于某种控制之下。随着时间的推移，文明生活的艺术不断发展。

在位于大城市各处的修道院内，学校被建立起来。可是，我们现在所认为的那种面向一般大众的教育还不存在。然而，这并不令人感到奇怪，因为印刷的书籍还没有出现。

鉴于印刷机还没有发明出来，在当时，所有的书籍都是手写本，也就是说，它们都是用手写出来的，这也是手写一词所表示的意思。它们被写在了特制的羊皮纸上，为的是墨水写上去后，能够被吸收，进而保留下来。

当然，手写的书籍非常昂贵，因为需要耗费大量的时间才可以写成。因此生活在欧洲的大部分人终其一生都无缘手持一书，好好看上一眼。只有生活在大城市和修道院里的少数人才有可能找到不下于 500 卷藏书的图书馆。

印刷机最终得以发明之后，对知识的渴望广泛传播开来。人们感觉到，他们必须具有用于阅读和研究的书籍。他们还发现学校是必不可少的，因为他们的子女要在那里接受教育。

在欧洲所有的国家里，没有哪个国家比意大利更加彻底地觉醒了。而在所有因此被唤醒渴望学习各种知识的地方中，佛罗伦萨是最早的一个。这座城市在早期就成了很多博学之士的家园，在对欧洲启蒙所做的贡献上，无出其右者。

著名的美第奇家族就生活在这里。这个家族已经有好几代人在当时从事着差不多是世界上唯一的商业活动。他们的贸易对象是印度。由骆驼组成的商队将丝绸、围巾、香料和宝石从远东带至地中海海岸。然后再由船只将它们运至佛罗伦萨。再然后由成队的骡马负责将它们从佛罗伦萨通过阿尔卑斯关口运到位于欧洲西部和北部的城市。

这种交通运输方式让美第奇家族变得非常富有，他们不仅富有而且还颇具影响力。该家族因此统治了佛罗伦萨城及其居民达三百年之久。然而，不仅仅是财富让他们拥有权力，他们基于工业境况的政治影响也是举足轻重的。

像古雅典一样，这座城市是一个城邦。它制定了自己的法律，有权铸造自己的钱币，还拥有同外国开战以及缔结和平的权力。

虽然佛罗伦萨的政府属于共和政体，但是，它却是曾经存在的最为奇怪的小共和国之一。在那里存在着一条特别的法律，即一个男子除非隶属于某个协会或者"艺术团体"，否则不应该拥有行政官的席位。

它们同我们的现代贸易团体基本别无二致。不过，佛罗伦萨人拥有的协会数量甚至比我们还要多。他们不仅拥有木匠和泥瓦匠协会，还拥有那些依靠双手劳动者以及依靠头脑工作者联合起来的协会。此外，还有银行家、商人、医生和律师等等组成的"艺术团体"或者协会。

佛罗伦萨人从"艺术团体"成员中选择他们的官员。市政府接受"九人大议会"的授权。在这9人中，有7人属于脑力劳动者，另外2人是手工劳动者。这种安排把那些依靠脑力来劳动的人和那些依靠双手来劳动的人紧密地结合在了一起，使得律师、商人和银行家对木匠、泥瓦匠以及其他靠"挥洒汗水"来谋生的人怀有友好的感情。如果不热爱劳动人民，没有人能够在佛罗伦萨长期实行统治。

美第奇家族以用他们的钱为佛罗伦萨的人民谋福祉而著称。因此，他们发现无论是使"执政官"成为共和国的首脑，还是将那些可以贯彻其愿望的人送上宝座，都变得易如反掌。

1449年，正值欧洲准备进入复兴运动的时期，美第奇家族中被称作洛伦佐的人出生了。他的祖父科西莫·德·美第奇为佛罗伦萨建造了很多精美的建筑，其中，就有闻名遐迩的大教堂。

伟大的洛伦佐

洛伦佐的父亲也为佛罗伦萨的利益花费巨资。虽然很少拥有执政官的职位或者任何官方头衔，他实际上做了这座城市许多年的统治者。当他去世的时候，佛罗伦萨的人民渴望能有另一个美第奇来管理这个共和国，因此，他们邀请洛伦佐像他父亲一样来承担起这一重任。他接受了他们的要求，成了他们的统治者。

他成了酷似著名的雅典人皮西斯特拉妥（约公元前 600- 前 527 年）一样的人，为了人民的福祉而统治。他不认为一个好的统治者的首要职责就是使他的人民成为士兵。

他看到需要为佛罗伦萨人做的最好的事情就是启蒙他们，用书籍和学校来武装他们。

可是，去哪儿获得书籍呢？在欧洲各地的修道院里就有大量的书籍，其中有许多古希腊人和罗马人著作的抄本。不过，抄本的主要藏地，尤其是那些希腊作家的，是君士坦丁堡。碰巧以一种奇怪的方式，君士坦丁堡的书籍当时被带到了西欧。

君士坦丁堡的居民是希腊人，他们阅读用古希腊语写成的荷马和柏拉图的著作以及《新约全书》中的《四福音书》和《使徒书信》。

长期威胁这座城市的土耳其人根本就不关心荷马和柏拉图，他们恨透了《新约全书》书籍，认为人们除了穆罕默德（约 570-632 年，阿拉伯人，伊斯兰先知）的《古兰经》之外不需要书籍。许多人相信，没有人应该阅读任何其他书籍。

最后，1453 年，君士坦丁堡实际上为土耳其人占领了，当地居民大量逃离，去西欧寻找新的和平家园。很多人去了意大利，其中一些逃到佛罗伦萨寻觅出路。

他们中的部分人逃难之际，不忘随身携带上书本，他们还告诉他们的新意大利朋友，其他的可能存放在君士坦丁堡。

自此以后的好多年里，美第奇们以及像他们一样的人都在不遗余力地搜寻书籍。他们派人去意大利、德意志、英格兰的修道院，去君士坦丁堡购买他们能够找到的所有古代手抄本。其中一位到达古老的东方都城的人带回了238本，里面有生活在基督诞生四百年前雅典的柏拉图和色诺芬的著作。

洛伦佐促成了许多旧抄本的复制，什么好，他就印刷什么。因为在洛伦佐出生之前，古腾堡（约1400-1468年，德国活版印刷发明人）已经完善了他的印刷机。洛伦佐出生三年后，佛罗伦萨印刷的第一本书籍就面世了。这是伟大的拉丁诗人维吉尔（公元前70-前19年，古罗马诗人）的一个印本。极有可能的是，洛伦佐学习拉丁语的时候使用的就是该书的印刷品。

他见证了书籍以惊人的速度增加。在他而立之年的时候，维吉尔、贺拉斯（公元前65-前8年，古罗马诗人、批评家）、荷马和色诺芬的著作以非常低的价格印刷出来，以至于可以买来供学校的男孩子们阅读。

像那个时代的其他商业王子一样，洛伦佐在佛罗伦萨创立了一所著名的学校，这是一所希腊语中学。许多博学之士在这里完成了学业，成为有名的教师，以至于人们说这所学校就像包围了特洛伊城的木马，从中走出很多全副武装的希腊武士。

虽然洛伦佐被佛罗伦萨人称作"豪华者"，虽然他非常明显地对他们表现出了慷慨大方，但是佛罗伦萨并未因为他而变得真正富有起来。他只是经由自己的管理，使这座城邦变得更加宏伟和著名，不过，却葬送了佛罗伦萨共和国，这可是他的父亲和祖父亲手缔造的基业。

虽然富丽堂皇，但佛罗伦萨也充满腐败，统治者违背誓言、背信弃义、仅仅以享乐为生活目的。从洛伦佐·德·美第奇执政以来，佛罗伦萨就开始逐步地衰落了。

第二章　克里斯多弗·哥伦布

1486年秋天的一天，一位陌生人敲响了一座名为"拉·拉比达"的女修道院的门。这里离西班牙的小型海港帕洛斯不远。他怀里抱着一个小男孩。当开门的修道士问他需要什么帮助的时候，他回答说："我孩子和我又累又饿，您能给我们一块面包并让我们在这里歇一会儿吗？"

于是，他们被邀请进入了修道院，吃的食物也摆放在了他们面前。在进餐的时候，陌生人开始谈论西方的海洋以及在海洋的另一侧肯定会有的东西。"大部分人，"他说，"认为亚速尔群岛之外，除了黑暗的大海，别无他物。不过，我认为在这些岛屿之外，还存在着另一块更大的陆地。"

碰巧也在现场的修道院院长帕洛斯的医生对他们这位访客谈论的内容非常感兴趣，还要求对方告诉他们他的名字以及相关经历。

"我叫克里斯多弗·哥伦布。"他回答说。

"我出生在热那亚，并在那里度过了我的童年时代。自孩提时代，我就喜爱观看船只起航之前，船员们起锚和做相应准备的活动。我要做的就是学会那些绳索的名字和弄明白它们各自的用途。

"我父亲把我送进了帕维亚大学，在那里，我学到了有关船员航行的时候，为其提供指导的天文方面的知识。此外，我还学会了绘制地图和图表。当我绘制地图的时候，我常常想知道在加那利群岛和亚速尔群岛之外，是否还存在着某块陆地。

"我在15岁的时候，成了一名船员。我航行到过英格兰、爱尔兰、希腊和其他一些地方。一次航行的时候，我们的船在葡萄牙布满岩石的海岸受到损坏，我借助一块厚木板得以到达陆地上。我在那里待了一段时间，还娶了马德拉群岛中的圣港岛的管理者暨船长的女儿。

"此后，我游历了圣港，在那里，我遇到了许多靠航海为生的人。他们给我讲述了一些精彩的传说。有一个人曾经告诉我，一个名为马丁·维森特的葡萄牙引航员在离葡萄牙以西120英里的海上捡到过一块被人类雕刻过的奇怪的木头。我的妻弟对我说，他在圣港见到过几大段连在一起的手杖，还有位朋友告诉他，在弗洛雷斯发现了两具被冲上岸的人类尸体，'他们的脸很宽'，一点儿也不像基督教徒。

"所有这些事情使我更加坚信在西方存在一块陆地的想法。最后，我决定找到那块陆地。

"然而，我太穷了，既无法购买一艘船，又无法给船员支付薪水。我去了我的出生地热那亚，在那里，海港内矗立的桅杆就像森林里的大树那样又多又密。我把自己的计划告诉那里的富有商人听，恳求他们资助我。可是，我家乡的人害怕把他们的任何船只派到亚速尔群岛之外的地方。他们认为，在那些岛屿的西部，除了'黑暗的大海'之外，别无他物。

"我还去了里斯本，请求葡萄牙国王的帮助。当然，我再一次失望了。可是，我并未因此而气馁。

"然后，我来到西班牙，最终，善良的伊莎贝拉（生于1451年，1474-1504年在位）女王听了我讲的故事。一个由知识渊博的人组成的委员会受召来考虑我的计划。他们说，这简直就是痴人说梦，建议女王陛下不要给予我任何援助。

"就这样，我又一次失望了。我仅有的一点钱也被花光，不得已，我成了一名乞丐。看起来，仿佛整个世界都在与我作对。诚然如此，我依然确信，在大海的另一边还有一块陆地的存在。"

围绕在哥伦布周围的修道院院长、医生和修道士对他的话非常感兴趣。修道士之一、曾经聆听过伊莎贝拉女王忏悔的佩雷斯神父给她写了一封信，他在信中恳求女王再次会见哥伦布。幸运的是，她同意了。哥伦布于是从修道院前往王宫拜见了她。

女王再次拒绝了他

哥伦布在费迪南德和伊莎贝拉的宫廷中

的请求。接着，哥伦布动身前往法国，希望该国国王愿意帮助他。然而，伊莎贝拉宫廷的一位官员成功说服她改变了主意。一位信使被派遣将哥伦布带回女王面前。

费迪南德国王和伊莎贝拉女王当时正在格拉纳达附近的圣达菲野营，此地虽然属于他们所有，却是新近夺取的。在那里，他们签署了为哥伦布提供两艘船和支付船员费用的协议。

虽然让君主承诺提供船员并为之支付费用很容易，但是要想找到乐意为这条线路航行的人却很困难。即使那些被允诺，如果他们愿意成行就可以得到赦免的罪犯也拒绝前往。对他们来说，向"黑暗的大海"航行看起来无疑是自寻死路。

然而，所有的困难最后都被克服了。两位富有的绅士在国王和女王提供的两艘船外，又添加了一只船，精彩的航行随之得以启程。载有 50 名船员的旗舰"圣玛利亚号"由哥伦布亲自指挥；载有 30 名船员的"平塔号"由马丁·平纵负责；载有 24 名海员的"尼娜号"或者"贝贝号"由马丁的弟弟维森特·平纵掌管。

在 1492 年 8 月 3 日上午 8 点，船队正式起航，这只小探险队从帕洛斯海港出发了。

出航第 3 天，"平塔号"的船舵丢了。万幸的是，他们当时尚未远离加那利群岛。也因此，他们向特内里费驶去，并在那里修好了他们受损的船。

在航行进行到大约六周的时候，他们吃惊地发现指南针偏离了正常方向。观察到这一点不久，他们就到达了一大片有海草环绕的区域。此处就是被称作"马尾藻海"的地方，哥伦布的船队是第一批航行路过这里的人。

他们还观察到另一件奇怪的事情。这个区域的风无论白天还是晚上，都是持续地向西吹的。这种风就是东北信风，然而对于沿海岸或者内海航行的船员来说，信风是闻所未闻的。

虽然拥有极佳的天气条件，但是船上的人还是开始感到害怕，唯恐他们抗击不了信风。让他们保持良好的精神状态非常困难。

幸运的是，此后不久，他们就见到了一些飞翔的鸟儿，该发现让他们确信，陆地就在不远处的某个地方。接着，"平塔号"找到了一截甘蔗和一块木头，"尼娜号"看到了一截绿色的覆盖着犬蔷薇花（又称野玫瑰花）的树枝。

一天晚上10点钟的时候，哥伦布在前方看到了亮光。第二天早上，他们在巴哈马群岛中的一座岛屿登陆。到底是哪一座我们还不得而知。但是它极有可能就是当地人称作瓜纳哈尼的那座岛。哥伦布将其命名为圣萨尔瓦多。

哥伦布从船内走出来的时候，还随身携带着西班牙的皇家旗帜。同他的伙伴在岸上下跪的时候，他深吻了土地，向上帝表达了谢意，还以费迪南德和伊莎贝拉

哥伦布登陆圣萨尔瓦多

的名义占领了那里。

探险队随后还发现了古巴岛、海地岛以及其他西印度群岛。

在海地岛的海岸上，"圣玛利亚号"触了礁，成了废船。靠着剩余的两艘船，哥伦布此后不久就向西班牙回航了，并于1493年3月15日，将船锚抛在了帕洛斯港内。

费迪南德和伊莎贝拉当时正在巴塞罗那，他们非常隆重地接见了哥伦布。他向他们展示了稀奇的植物和色彩绚丽的鹦鹉，比这些更有趣的还在于他从新发现的群岛上带回的9个土著人。

现在，毋庸置疑，哥伦布是对的，在亚速尔群岛之外就是"黑暗的大海"的观点只是一个不正确的猜测。

事实表明，哥伦布应该再次着手探险之旅。六个月后，17艘船和1500名船员准备就绪，第二次伟大的航海开始了。正是这次航行，他们又发现了牙买加、波多黎各以及几座小岛。

然而，此行中跟随哥伦布的大部分人不是希望发现新的小岛，而是怀着对海地岛进行殖民的目的。哥伦布在第一次航行的时候就获知，在那座岛上有黄金矿床，因此在海地的金矿区建立了一个采矿小镇，挖掘的工作已经开始。但是西班牙人却不喜欢这样的工作，他们因此将土著人变成奴隶，进而强迫

哥伦布在巴塞罗那受到接待

他们在矿区从事挖掘工作，大量的黄金就通过这样的方式被开采出来。

有些贪婪的殖民主义者想出了另一个更容易的挣钱途径。他们俘获大量的土著人，将他们运到西班牙当作奴隶出售，说起来也奇怪，哥伦布竟然允许这种勾当发生。

伊莎贝拉女王得悉此事后，对哥伦布非常生气，质问他谁授权他将他们变成了奴隶。她命令每一个印第安人都应该获得自由并被送回他们的家园。

这次将印第安人变成奴隶的事件是哥伦布影响衰弱的开始。伊莎贝拉此后再也没有像之前一样对待过他。

不过，重回西班牙后，哥伦布将一个可怜的故事同殖民者在海地遭受的苦难联系起来，女王获悉后给他增加了供给，并提供了一支由 6 艘船组成的队伍。就这样，他在 1498 年 5 月 30 日，又起航了。

在这次航行中，他们发现了一块新的陆地。一天，他们看见三座山头从海上升起，接着船队靠近了一座大岛。哥伦布根据该岛的三座山峰称之为特立尼达（岛），这座岛屿也因此一直为人熟知。

从特立尼达出发，他们又向西南航行，直至靠近另一个海岸。哥伦布其时发现了新大陆的南部，可是，他并不知道这件事。他推测，这片陆地只是另一座岛屿罢了。

哥伦布渴望回到海地岛上的殖民地，因此，开始向北航行，船队及时到达了它们的港口。

在海地，人们密谋反对哥伦布。有些殖民者并没有如愿发现他们希望得到的大量黄金，因此，他们回到西班牙的时候，便借机向国王抱怨哥伦布把殖民地治理得很糟糕。

费迪南德和伊莎贝拉部分地相信了他们的说辞。由于哥伦布曾经在将印第安人变成奴隶上做过错事，国王和女王就此相信他也可能在其他方面犯错误。

相应地，他们向海地派遣了一个叫博巴迪拉的人来管理殖民地事务。一到那里，博巴迪拉就指责哥伦布残忍和不公，将其囚禁着送回西班牙。哥伦布乘坐船只的船长希望去除这些脚镣，不过，哥伦布没有允许他那样做。哥伦布一直戴着它们到航行结束，此后更是将它们当作纪念物保留了下来。

一等到船只到达西班牙，哥伦布就向国王和女王写了一封信，告诉他们他的所作所为以及他所遭受的不公待遇。伊莎贝拉读了信后，据说流下了眼泪。他的脚镣立即就被去除了，费迪南德和伊莎贝拉拒绝倾听博巴迪拉对哥伦布的指控。

哥伦布根本就没有想象过他已经发现了一片新大陆。他推测他之前到达过的古巴、牙买加和其他岛屿就是被称

戴着镣铐的哥伦布

作"印度群岛"的地方，或者是靠近印度的群岛。在相当长的一段时间内，其他所有人也是这么认为的。所以，古巴及其邻近岛屿总是被人们称作西印度群岛。

就是在这个时候，罗马教皇在西班牙和葡萄牙之间将所有新发现以及所有随后可能被发现的陆地进行了切分。分界线就是沿着亚速尔群岛西部 300 里格（1 里格相当于大约 3 英里）的子午线。西班牙所得的份额就是位于这条子午线以西的部分，葡萄牙的份额则是所有位于这条子午线以东的部分。

西班牙因此非常嫉妒葡萄牙，渴望从该国份额中攫取一部分土地。哥伦布提出了一条可以实现他们意图的方式，还使费迪南德和伊莎贝拉确信，通过一直向西航行，在西印度群岛之外的地方，极有可能有一些被葡萄牙声索的岛屿。当然了，他的观点是正确的。

为之，他请求君主给他一支船队让他做一次尝试。在 1502 年，他带着 4 艘船和 150 人的船员，从加的斯起航。此次航行，他在牙买加和其他岛屿登陆，不过，虽然他有两年多未做此事了，但是这一次他并未取得任何重要的业绩。

他于 1504 年返回了西班牙，并于两年后去世。

哥伦布的尸体起初被埋葬在巴拉多利德，可是后来却被越洋埋葬在海地岛上的圣多明各大教堂内。在这座岛屿被西班牙人割让给法国的时候，这位伟大航海家的遗骨又被移至哈瓦那，在那里，它们停留至美西战争结束，并最终被带回西班牙。

第三章　安拉贡的费迪南德

安拉贡的费迪南德是约翰二世的儿子，西班牙纳瓦拉和安拉贡两省的国王。

在费迪南德之前的几个世纪里，西班牙被分割成了许多小的王国。这些王国中，有一些掌握在基督教徒手里，其余的都被摩尔人控制着，他们在一定程度上是阿拉伯人和北非人的祖先。

摩尔人是伊斯兰教徒。在费迪南德之前七百年左右，他们穿越地中海，侵入了西班牙，几乎占领了除了最北部几个省份之外的全部领土。

因此，西班牙在很长的一段时间内是一个伊斯兰国家。但是西班牙基督徒的数量不断地增长，力量也越来越强大。在十字军东征期间，他们几乎一直持续不断地同他们的摩尔人邻居作战。

费迪南德出生的时候，他们重新获得了西班牙除格拉纳达王国之外的所有领土。

在格拉纳达，仍然生活着好几千摩尔人。他们灌溉田地，种植水稻。他们栽培桑树，生产的丝绸远近闻名。他们甚至还栽种了甘蔗，是第一批让欧洲人熟悉食糖的人。在费迪南德成为国王的时候，格拉纳达这座美丽的城市就是他们的首都和强大的堡垒。即使到了今天，游客们还会不远千里去参观他们金碧辉煌的皇宫遗址。

费迪南德娶了卡斯提尔的女王伊莎贝拉，在两位君主的领导下，西班牙的三个基督教王国安拉贡、纳瓦拉和卡斯提尔联合在了一起。

格拉纳达阿尔汗布拉的狮子宫

然而，在他们看来，国内存在着一个穆斯林王国对基督教来说就是个耻辱，正如对西班牙来说就是个伤害一样。因此，他们决心将格拉纳达纳入他们的版图之中，一场激烈的反对摩尔人的战争就这样拉开了帷幕。

著名的战士、西班牙人仍然乐意称之为"伟大统帅"的贡萨洛（1453-1515 年）将军受命领导西班牙军队。

格拉纳达遭到入侵的时候，摩尔人开始突围，许多一对一的格斗在他们的战士和基督教骑士之间展开了。战争持续了几个月，然而并没有很大规模的战斗。

有一次，西班牙的营地偶然起火，帐篷都被烧毁了。费迪南德便为他的军队建造了一座石屋构成的永久城镇。这座城镇饱经风雨，至今屹立不倒，它被人们称为圣达菲。

当摩尔人的国王布阿卜迪勒听说费迪南德国王威胁要占领格拉纳达的时候，他不屑一顾地大笑起来。尽管如此，他还是立刻准备好保卫他的城市。

战争持续了十多年。摩尔人勇敢地保卫自己的家园。但是西班牙人捣毁了该国富饶的土地，完全破坏了他们的24座主要城镇，接着就包围了格拉纳达。

摩尔人勇敢地抵抗了将近一年。后来，在濒临饿死之际，他们交出了格拉纳达。

经过协商，布阿卜迪勒可以统治一小块领土，但是应该对费迪南德效忠。可是，他很快就厌倦了小国寡民式的生活，越过地

布阿卜迪勒投降

中海去了非洲，在那里不久，他就在战斗中阵亡了。他是西班牙的最后一任摩尔人国王。

无论是对于费迪南德和伊莎贝拉，还是对于他们统治的国家来说，1492 年都将是个值得纪念的一年。这一年以他们占领了格拉纳达开始，以见证了西班牙的情况在几乎每个方面都得到极好改善结束。

两百年来，土耳其人已经成了基督教世界令人讨厌的家伙。与印度贸易的基督教徒不得不穿过地中海，通过土耳其人的领地到达那个国家。他们也经过这条路线带回他们在印度购买的所有商品。

他们的船只和货物经常为土耳其海盗夺取，船只和货物的所有者，以及全体船员都成了奴隶。好几千这样的基督教徒奴隶被束缚在土耳其桨帆船划船时坐的长凳上，如果他们不遵从主人的命令，就会被用鞭子残忍地抽打。

那时的人们希望找到一条不遭遇这些困难和危险就可以到达印度的道路。一些欧洲国家不止一次地联合起来同土耳其人开战。费迪南德本人在从摩尔人手里夺回格拉纳达之后，也派了一支船队穿过地中海，夺取了土耳其海盗的要塞阿尔

摩尔人获胜之后

及尔。

许多做了好几年奴隶的意大利人、西班牙人和葡萄牙人基督教徒回到家中，他们中的大部分人疾病缠身，所有人都穷困潦倒。你可以想象一下，当他们上岸的时候，看到他们的样子会使人们希望寻找一条更加安全的通向印度之路。因此，当哥伦布说他可以找到这样一条道路的时候，费迪南德和伊莎贝拉就决定给他提供金钱、船只和人了。

实际上，虽然他没有找到一条通往印度的新路，但是他认为他已经找到了，国王和女王也是这么认为的。西班牙人和欧洲人在得知将来同印度进行贸易，不需要再遭受巨大的生命和珍宝损失的时候，都感到非常高兴。

可是，在这一点上，哥伦布却失败了，他的发现对西班牙来说可谓是价值连城，因为它们在"新大陆"给她提供了巨大的财产，使她拥有了更多的财富和权势。

起初，费迪南德对待哥伦布的态度相当冷漠。他要么对这位伟大的发现者没有信心，要么对他的计划没有信心。西班牙提供帮助的真正功劳应该更多地归结于女王伊莎贝拉而不是国王费迪南德。不过，通过巩固和加强他的领土，费迪南德将西班牙在欧洲国家中提升至一个突出的地位。1516 年他去世之后的很多年里，影响依然存在。

第四章　瓦斯科·达·伽马

1497 年的一天，葡萄牙国王曼努埃尔（1469-1521 年）正在他的书房中工作。五年前，哥伦布给安拉贡的费迪南德带回消息说，经过向西航行，发现了一条通往印度群岛的道路。因为，正如我们了解的，哥伦布推测他所登陆的岛屿是东印度群岛的一部分。于是，曼努埃尔忙着计划一次探险之旅，他希望经过向东航行发现一条到达印度群岛的通道。

一位贵族走进了他坐着的房间内。"瓦斯科·达·伽马，"国王看到他的时候，说，"我想让你做我探险队的队长。你可以挑选自己中意的任何船只，让你的兄弟指挥另一艘船。如果上帝保佑，你将会发现印度。"

3 艘跟在我们河里来回航行的纵帆船大小差不多的船只停泊在里斯本港。它们被冠以 3 个大天使"迈克尔""加百利"和"拉斐尔"的名字。船内载满了一切国王和瓦斯科认为在发现之旅上可能用到的物品，在那些要去航行的人中，有木匠、铁匠、缆索工以及其他可能对航行有帮助的技术工人。

船队准备出发的时候，里斯本大教堂内为之举办了一场隆重的仪式。所有将要远行的人都在那里。国王和王后也在现场。在主教宣布上帝的祝福后，国王将皇家旗帜授给了瓦斯科·达·伽马，说："让它在你船的桅顶上飘起来吧！"

瓦斯科和他的人从大教堂向海港进发。船只上装饰着旗帜，国王的皇旗已经被升至瓦斯科所在船的桅顶上，船锚升起来，帆布也松开了，这支小船队沿着河口向南驶去。

为了等候顺风，他们在贝伦港停了三天，接着，航行开始。一位葡萄牙作家说，"当他们扬帆远行的时候，人们流了许多泪水，以至于那个海岸完全可以叫作眼泪海岸"。葡萄牙伟大的诗人卡蒙斯（约 1524-1580 年）写道：

> "就像金沙滩上数不清的沙子一样
> 成千上万人的眼泪洒在贝伦的岸堤。"

船队沿着非洲海岸向南航行的时间非常长，以至于船员们都泄了气。他们坚称，这块大陆肯定延伸着穿越了这片海，它是没有尽头的。

瓦斯科·达·伽马知道，它有自己的尽头，因为另一位伟大的航海家巴塞洛缪·迪亚士（约 1450-1500 年）已经发现了那个尽头，并称之为"风暴角"（好望角的最早称呼），这个名字源自他当时在那里遭遇了恶劣天气。

阴谋

靠近这个海角的时候，瓦斯科也遭遇了暴风雨，他的人希望返回。不过，像哥伦布一样，瓦斯科执意继续前行。一些人发动了一场阴谋，想杀害他，他迫不得已给哗变者戴上了铁链。最终，他们绕过了海角，向东北驶去，将暴风雨甩在了身后。

船只已经受到风浪的严重破坏。它们漏水严重，船员们不得不在水泵边上夜以继日地工作。由于厌倦和沮丧，他们再一次要求放弃航行，并被允许回家。

瓦斯科注意到，船只必须进行修理了，此外，船上还缺水。他因此掉转船头，向陆地驶去，警觉着想找一个安全的海港。

如果你看一下非洲的地图，就会看到它的东南海岸被称作纳塔耳的地方。这就是圣诞节的葡萄牙语名字。瓦斯科以此命名这个地方，是因为他正好在那一天航行经过那里。

再往前走，航行者们高兴地看到了河流的入海口。他们驾船驶入，溯流而上，不久就发现一处可以上岸的地方。在那里，他们停留了一段时间，修了修他们的船。然而，有一条受损和破裂得非常严重，以至于不适宜再次航行。也因此，他们对它进行了拆解，用它的木头对其他两艘进行了维修。

瓦斯科将这条河流命名为"慈爱之河"。

　　一天，一些土著人来拜访他们。船员们用几片带果酱的面包招待他们，但他们的客人直到看见葡萄牙人吃过后，才肯尝一口。当品尝了一次的时候，他们看起来再也吃不够了。

　　达·伽马给他们看了一面镜子，这种东西他们之前从没有见到过。他们被逗乐了，当他们从中看到自己脸的时候，便大笑起来。

　　从慈爱之河出发，瓦斯科将船向北掉头，保持着总是能够看到陆地的距离。几天后，他看到一艘抛锚的船，立刻派艘小船过去一探究竟。可是，土著船员非常害怕，连忙跳进一艘独木舟，尽可能快地划走了。

　　葡萄牙的小船不久就赶上了他们，然后，他们中的人里除了一个全都跳进海里，游上了岸。留在独木舟里的那个不会游泳，葡萄牙人因此将他带到了他们的一艘船上。他是个摩尔人，由于能够承担起口译的角色，对葡萄牙人来说，这非常有用。

　　此后不久，他们发现了另一艘船。它正在涨满帆，但瓦斯科的船不久就追赶上了它。在那艘陌生船上的两个黑人说一种葡萄牙人船上的一些黑人也懂的语言。从这两个黑人那里，他们获知这艘船正在回印度海港坎贝的路上。对达·伽马来说，这就是特大喜讯，他们跟随它驶进了非洲海港莫桑比克。

　　从里斯本出发到现在，已经有将近一年的时间了，他们很高兴能进入一处可以看到房子和人烟的港口。

　　他们在此停泊不久，莫桑比克市的酋长或者统治者就拜访了他们。他要求将两艘独木舟捆绑在一起，把杆子和木板铺在上面做地板，然后再在上面垫上一张大草席。酋长和10位随从就坐在草席上。他穿着丝绒的短上衣，一块蓝色的绣着金线的布缠绕着他的身体，外配一条丝质的腰带。他腰带上挂着一把匕首，手中还拿着一把宝剑。

当他走到船上的时候，喇叭就响了起来，瓦斯科和他的官员盛情迎接了他。摩尔人翻译了他们所说的每一句话，或者葡萄牙人对他们所说的话。

酋长问葡萄牙人他们在寻找什么货物。于是，他们给他看了一些辣椒、桂皮和姜。他答应派遣引航员负责将他们的船驶向印度，在他离开后，有两个人来到了船上，说他们前来就是为了完成那个任务。

在葡萄牙人准备重新开始他们的航行之前，酋长邀请瓦斯科与他一同进餐，并建议所有病人都应该被送到岸上。

瓦斯科从他那边的摩尔人那里了解到，这是个将他们纳入酋长权力的计谋，因此他谢绝了邀请。

一艘小船被派去获取淡水，一位酋长的引航员告诉了葡萄牙人有泉水的地方。他说，因为潮汐，午夜是他们可以划船到达泉水的唯一时间。但是从午夜到早上，他一直让他们将船从一个地方划向另一个地方，却没有找到水。

最后发现葡萄牙人要生气了，他从船上跳入水中，在水下游了很长一段距离，直到离那艘船很远才浮出水面。他用这种方式逃跑了。

瓦斯科现在驾船离开了，但是他给另一个引航员戴上了锁链。他无法信任他。因为摩尔人已经发现，酋长指派这两个引航员是为了将船引向浅滩并撞毁它们。

瓦斯科到达的下一个海港是蒙巴萨。莫桑比克的酋长已经捎信给这个国王，也是他的一个朋友，有两艘船不久就会到达蒙巴萨，它们的船长就是江洋大盗，他们打算带一支大船队占领蒙巴萨和莫桑比克，对付他们的最英明的做法就是让陌生人成为阶下囚，处死他们。

蒙巴萨的国王了解到那两艘船事实上已经到达了海港的外面，他就给瓦斯科发去一条友善的信息，邀请他登陆和签订一项协议。他派了两个引航员去将船只引进海港，因为在入口处有危险的浅滩。他还派了一艘满载绵羊、甘蔗、香橼、柠檬和橘子的大船作为礼物。

病人看到水果很高兴。瓦斯科派了两个人上岸去买一些其他的必需品。但是国王说，自己可能拥有他们希望得到的一切，还不需要付钱。

国王为他们提供了一位导游，负责带领他们参观整座城市，特别是，按照他的说法，有一处基督教徒住过的地方。有人在那里假装是基督教徒，事实上却不是。他们对待葡萄牙人非常友善，恳求他们整晚都待在他们的房子里。

这种友善只是假装的。真相是国王已经命令引航员驾驶瓦斯科的船只向海港的浅滩行驶，他们试图这样做。然而，当他们转而进入海港的时候，瓦斯科的船只未能随船舵转向。不过，它已经离浅滩非常近，以至于指挥官命令船员抛了锚，降了帆。眼看这一艘做完了，另一艘也像它一样做了。那两个认为他们计划败露的引航员跳进水里，游上一艘船逃跑了。

瓦斯科决心立刻离开这些背信弃义的人，可是，他的船锚却牢牢地卡在浅滩上的石缝里，全体船员也无法将其举起。他们为此辛苦了一整个晚上，缆绳在早上断开了，他们不得不留下船锚，离开了。

他们到达的下一个港口是梅林达，在这里，他们受到了真正友善的招待。因为一位国王信赖的预言家告诉国王，葡萄牙人将来会成为印度的领主，他最好同他们签订一项协议。

国王因此邀请瓦斯科和他的兄弟上岸，选定协议的条款。然而，西班牙人对此是很怀疑的。他们提议国王和他们坐在靠近海岸的船上交谈，国王同意了他们的提议。瓦斯科和他的兄弟穿着他们最帅气的套装，乘坐他们椅子上覆盖着深红色天鹅绒的船只前往。每艘船都携带着两座小型火炮，届时他们会点燃火炮以示敬意，接着，全体船员向岸边划去。

现在，国王来到其中的一艘船内，坐在为他准备的座位上。他说，他希望永远同葡萄牙国王保持友好。瓦斯科·达·伽马和他的兄弟跪着亲吻了国王的手，但他却让他们站起来。然后喇叭响起来，船上的火炮全部点燃。

　　瓦斯科赠送国王一把放在金子做的盒子里的精美宝剑，说：
"陛下，我们以我们国王的名义送您这把剑，并承诺永远同您保
持和平与友好。"国王回答道："我以我宗教的名义承诺并发誓
永远同我的新兄弟葡萄牙国王保持和平与友好。"好几千国王的
臣民聚集在岸边见证了这一切。

　　签订好协议后，瓦斯科希望立刻就驶向印度。但是他必须得
穿越浩瀚的印度洋，顺风直到 8 月才开始吹，而现在只是 5 月。
因此葡萄牙人在梅林达待了三个月。

　　在他们继续航行之前，瓦斯科在城市附近的一座小山上竖起
一根白色的大理石柱子，并在上面刻上了国王曼努埃尔的名字。

　　作为分别的礼物，梅林达国王送给葡萄牙人一大船的米、黄
油、食糖、椰子、绵羊、家禽和蔬菜。

瓦斯科·达·伽马在卡利卡特

　　向东航行了大约二十天，瓦斯科终于看到了陆地。那是印度城市卡利卡特的海岸。船只不久就停靠在了海港内。

　　就这样，到达丝绸和香料产地的伟大航线被发现了。一座工厂，或者商行，在卡利卡特建立起来。在接下来的一百年内，小国葡萄牙成了东方海洋的君主，欧洲最伟大的商业国家。

　　达·伽马死于1524年。葡萄牙人像我们纪念哥伦布一样纪念他。卡蒙斯使他成了其长诗《卢济塔尼亚人之歌》的英雄，这是用葡萄牙语创作的最伟大诗篇。

第五章　谢瓦利埃·贝亚德

　　谢瓦利埃·贝亚德是 16 世纪法国最伟大的英雄之一，或者我们可以翻译他的头衔——贝亚德骑士。他的真实名字叫皮埃尔·杜·特瑞尔，来自一个为国家做出过卓越贡献的武士世家。1476 年，他出生在法国靠近格勒诺布尔城的贝亚德城堡，其名字贝亚德就源自他的家族庄园。

　　他常常被称作"无所畏惧和无可指责的骑士"。他非常勇敢，从不畏惧任何敌人。他又非常优秀，从没犯错而让他人指责。他的父亲和祖父都是武士，对年轻的皮埃尔来说，除了从军，他不会把精力放在其他任何事情上。

　　接受骑士教育的第一步就是成为实习骑士。14 岁的时候，皮埃尔开始了他作为实习骑士的军事训练，跟随当时的著名武士萨伏依的查理公爵。

　　他骑上一匹矮种马，穿上一身丝绒套装之后，就成了一个英俊的小伙子，更重要的是，他谦恭有礼。实习骑士需要为公爵和公爵夫人送信给他们的朋友，皮埃尔是一个忠诚的信差，是深受大家喜爱的人。

当公爵需要朝觐法国国王查理八世（生于 1470 年，1483-1498 年在位）的时候，皮埃尔在公爵府待的时间还不足一年。公爵认为自己为国王效劳的最好方法，就是将他聪明的小实习骑士送给国王。

国王见到皮埃尔后，非常喜欢，便让他在自己身边做了三年的实习骑士，随后他被提升为绅士。他只有 17 岁，在他成名之前不久，宫廷里的每个人都对他大加赞赏。

骑士比武

在当时，对一个勇敢的人来说，作为一名战士通过在"骑士比武"或者战斗演习中同另一个人争斗来显露他们的本领，是一种时尚。一位为这种场合筛选出来的、被称作选美王后的贵妇会为获胜者颁发奖品。作为挑战，那些想参加比武的骑士把他们的盾牌挂在比武场地附近的粗树枝上。任何想接受挑战的人需要用他的长矛或者剑击打一下悬挂着的盾牌。

　　一场为了向国王查理及其宫廷里的夫人、小姐表示敬意的武士比武被组织起来，法国比武冠军克劳德·德·沃德爵士将其盾牌挂了起来。在那些击打盾牌的人中就有年轻的皮埃尔，当骑士比武举行的时候，他赢得了奖赏。他战胜了克劳德爵士。

　　此后不久，他自己组织了一场比武，并作为被挑战者出场。48位武士击打了他挂起来的盾牌，他们全部在比武中被皮埃尔击败。

　　但是，这位年轻的战士渴望的是真正的战争，不久，这样的机会就来了。法国国王进犯了意大利，意大利境内各邦结成联盟来抵抗他。在一场战争中，虽然意大利士兵是法国士兵的 5 倍还多，查理国王依然取得了胜利。

　　在这场战斗中，贝亚德勇冠三军。他胯下的两匹马战死，他的剑被砍折，甲胄也遭到了严重损坏。不过，尽管如此，他还是夺取了那不勒斯的王旗。他手持战利品被领到国王面前，正是在战场上，国王封他为骑士。

　　查理后来不久就死了，可是，在新国王路易十二（生于 1462年，1498-1515 年在位）的领导下，法国军队再次向意大利开战。当行军通过阿尔卑斯山脉的时候，他们夺取了米兰省，并将其据为己有，但是米兰市被意大利王子斯福尔扎夺了回去。

　　一天，斯福尔扎的 300 骑兵在米兰市附近安营扎寨，当时贝亚德只有 50 人，他迅速发动袭击。战斗非常激烈，不过，意大利士兵最终落败而逃，他们快速通过大门进入了米兰。

　　贝亚德料想他的战友紧跟着自己，就尾随飞跑的意大利士兵猛冲进该市的大广场内。当时，意大利士兵向他发动了猛烈进攻，然而，他孤身一人，挥舞着战斧，左右开弓，杀死或击伤了许多攻击他的人。即使如此，他最终还是被制服，成了俘虏。斯福尔扎听到这次战斗的喧闹声后，命令把这位骑士押到他的面前。当斯福尔扎听到他的事迹的时候，说："贝亚德勋爵，我会放您走。我不要任何赎金。只要您提出要求，我都会允许。"

"王子殿下，"贝亚德回答道，"我谢谢您。我只想要回我的战马和盔甲。"

接着，骑士向他慷慨的敌人致敬后，便骑马离开了这座城市，不久就到了朋友们的营地。

此后一段时间，法国与西班牙之间发生了战争。双方声称自己对意大利部分领土拥有所有权，因此，战争在意大利国土上打响了。有一次，法国军队和西班牙军队沿河的两岸驻扎。河上有一座桥为法军所控制，易守难攻。

西班牙指挥官听说在沿河流而下不远的地方有个浅滩。他提议将法国军队从桥上引走，这样，他的人就可以夺取它。

于是，他带着一小股部队，去了浅滩，佯装要涉水渡河。看到他的举动，法国军

贝亚德守卫大桥

队放弃了他们在桥上的阵地，奔浅滩而去。

那座桥瞬间无人防守，一群 200 人的西班牙士兵犹如神兵天降，突然出现，直接向大桥疾驰而去。当贝亚德看到桥在顷刻之间就要落入敌手的时候，赶紧穿上盔甲，跃身上马，飞速疾驰，在西班牙士兵到达之前赶到了桥上。

西班牙士兵也很快就到了，不过，贝亚德站在防御的位置上，挥舞着他沉重的大刀，每次挥动，都能杀死一个敌人。西班牙士兵认为，他简直就是个恶魔，抑制着他们愤怒的冲锋。与此同时，一队法国骑兵犹如旋风般冲至桥上，他们联手将西班牙士兵赶了回去。

经过这场战斗，人们评价贝亚德为"万人敌"。

一次，在围困一座城堡的时候，他冲在突击队的前面，率先穿越壁垒，并因此第一次受了伤。他被长矛刺中，长矛锐利的头留在了他的大腿内。

他被送至附近的一座房子，一位母亲和她的女儿们因害怕受到伤害而将自己关在了里面。那个母亲胆怯地打开门，受伤的骑士被抬了进去，他在那里躺了六周，并受到了家人一般的悉心护理。而他本人对他们来说就是一种保护，因为有他的一队士兵警戒在房子周围，直至所有的危险都过去了。

在贝亚德离开的那一天，那位母亲恳求他接受一个小型的钢制盒子作为纪念。盒子内盛着 2500 达克特金币，比我们现在的1000 美元都多。

"替我给修女们 500 达克特吧，"贝亚德说，"她们在你们房子附近的（女）修道院已经被抢劫了，至于剩余的年轻的小姐们，我恳求你们每人接受我 1000 达克特，我因为你们的照顾而亏欠你们太多了。"

在意大利北部，战争仍在持续着。弗朗西斯一世（又译弗朗索瓦一世，生于 1494 年，1515-1547 年在位）已经成为法国的君主，正如他的前任一样，他也声称意大利的部分地区为其领土。

法国军队在里尼亚讷城安营扎寨。当敌人突然用尽全力从大门冲进来，袭击他营地的时候，国王正打算用晚餐呢。法国士兵立即拿起武器，战斗一直持续到天完全黑了才结束。整个晚上，双方都放下武器，并在太阳升起之前，再次打响了战斗。

那场争夺被称作"巨人之战"。法国士兵表现神勇，获得了胜利，但贝亚德仍然比他的伙伴更加出色。

胜利之后的那天晚上，弗朗西斯封了许多在战场上勇敢的人为骑士。但是，却为贝亚德选择了一项精彩的荣誉。国王发布公告说，他自己将从他的冠军手中接受骑士的头衔。

因此，他在谢瓦利埃面前跪下，贝亚德用他的剑击打了一下弗朗西斯的肩膀，说，"请站起来，弗朗西斯爵士"，就这样授予他爵士称号。

1520 年，当弗朗西斯一世在加来附近著名的"金衣之地"接见英格兰来访的亨利八世（生于 1491 年，1509-1547 年在位）的时候，两国的骑士在或许称得上是有史以来举办的最为宏大的武士比武中相互竞争，贝亚德再一次赢得殊荣。

　　所有的骑士都有一个愿望，即希望他可以战死沙场。贝亚德正是这么做的。

　　1524 年，他在法国指挥者博尼韦勋爵的领导下参加了战斗。缺少供给和伤病迫使博尼韦不得不向后退却。西班牙士兵沿着法国军队要走的道路设下埋伏。谢瓦利埃就是这样遭受了埋伏之人的致命伤害，一位同伴将其从马上扶下，放在一棵树下。

　　贝亚德感到他要死了。他指责他的朋友将他的脸朝向敌人，然后只顾自己的安危去了。当西班牙人到达现场的时候，他们发现他仍然活着。

　　西班牙将军佩斯卡拉勋爵给予了他尽可能的照顾，并在其弥留之际，请来一位神父安慰他。就这样，受朋友爱戴和敌人敬仰的、无所畏惧和毫无怨言的骑士结束了他精彩的一生。

第六章　红衣主教沃尔西

　　在离伦敦不远的地方，有一座旧宫殿，叫汉普顿宫。假如四百年前的某个周日，你站在它的大门附近，就可能听到有人高呼："主教移驾，请让开！"

　　往宫殿望去，你会看到一支奇异的队伍正在走出大门。你会注意到，有一位绅士手里拿着红色的帽子，两个高挑英俊的人各自拿着一副银质十字架，还有一个人手里拿着权杖。权杖是木头做的，头上有颗尖顶的金属球，而另一个人手里则捧着英格兰御玺。

　　在这些人的后面，还能看到许多绅士，刚才高呼开路的人就是他们。随后就是头号大人物了，他是教会和国家的高官，正端坐在一头骡子上，那骡子用深红色的天鹅绒装饰着，还配有镀了金的马镫。这个人正是刚才所呼的"主教"，叫托马斯·沃尔西。人们之所以需要为他开路，是因为这一天，他要起身朝见英格兰国王。

　　那顶红帽子意味着他是一位红衣主教。此外，他还是教皇的使节，或者说是教皇在英格兰的代表。权杖和御玺表明他是国王的御前大臣。

沃尔西在英格兰的地位仅次于君主，在教会中则仅次于教皇。

这个人并不是一出生就享受如此高位。他的父亲是一名屠夫，住在英格兰的伊普斯维奇城，此外，他还养羊，卖羊毛。他是一个生活于小康水平的人，既不太富也不很穷。

托马斯出生于1471年。该读书的时候，他被送去当地一所文法学校学习，在他只有11岁大时，就准备好上大学了。他15岁就大学毕业，在当时，大学里的人都叫他"少年学士"。

他之所以有如此成就，是因为他既非常聪明，又非常勤奋。他学习又快又好，所有的老师都为之啧啧称奇。

他决心毕业后当一名神父，并如愿以偿地被授以圣职。接着他开始主管一座叫利明顿的教堂。

他在利明顿教堂布道一段时间之后，恰逢国王亨利七世（生于1457年，1485-1509年在位）想要一位西班牙公主，需要获得德意志皇帝的允许。亨利七世需要一位非常睿智可靠的信使前往欧洲，拜见皇帝，以促成这桩婚事。

主教费希尔和沃尔西的其他好友禀告国王，全国上下再也没有比沃尔西更合适的人选了。于是这位年轻的神父被国王召见，亨利把自己想传达给皇帝的话，告诉了沃尔西。领命之后，沃尔西马上奔赴多佛港，登上备好的船只，就起程了。

沃尔西乘坐的船一路顺风，不久就漂过英吉利海峡。接着疾驰的驿马把他载到皇帝所在的城里。国王的旨意被很好地传达，一切都合乎亨利七世的心愿。事成之后，沃尔西就返程回国。

　　他骑着驿马，连夜奔赴王宫。第二天早上，国王见到了他，问他怎么还没有起程。他来去只用了不到一周的时间，国王简直不敢相信他已经拜见了德意志皇帝，并且赶回来了。亨利七世对此非常高兴，提拔了这位办事高效又可靠的信使，这使他在教会里的职位比以前高了许多。

　　亨利七世死后，他的儿子亨利八世发现沃尔西的确是个可用之材。这位年轻的君主沉迷于享乐，对政务一点儿也不上心。沃尔西则喜欢料理国家大事。亨利八世看到沃尔西可以帮他打理朝政，为自己省去很多麻烦，因此便提拔他做御前大臣。一时之间，沃尔西成了这个王国的真正统治者。

　　沃尔西觉得大摆排场不失为上策，因为他发现这样既可以取悦民众又可以取悦国王，可谓两全其美。

　　他还为自己建了一座叫作汉普顿宫的府邸。这座宫殿富丽堂皇，连国王都大加赞赏。于是，住了十年以后，沃尔西将其当作礼物献给了国王。直到今天，它仍然属于英国国王。

汉普顿宫

沃尔西曾经两次作为亨利八世的信使，给查理五世（详情见第七章）传递消息。为国事出使的时候，他看起来像国王一样庄重威严。

议会在一座叫威斯敏斯特大厅的大建筑物内集会。沃尔斯曾在盛大的排场下，从汉普顿宫巡游至此，一如他去朝见国王。

国王每年都会看望这位显赫的红衣主教几次。到那时，能够买得到的珍馐佳肴就会摆满桌子。此外，还有音乐和舞蹈助兴，全国最好的歌唱家也被请来一展歌喉。国王以及宫廷里的贵族和贵妇们，经常参加这种盛宴。

除了纵情享乐外，沃尔西的人生中还有更急迫的事情要做。他想在牛津建造一座大学，就像其他伟大的教会人士所做的一样，但是条件还不具备。他手头有国王赐给他的圣奥尔本斯修道院的税款，他从教皇处获许没收牛津的一座修道院，将其资产用来建造新的学院。因为建造一座新学院迫在眉睫，刻不容缓，所以修道院就被改造成了一座得到教皇首肯的学府。

然而，要想达到沃尔西的目标，钱还远远不够。因此，他给教皇写了一封信，说，现在有许多修道院，不过比较而言，修道士却很少，以至于修道院无法很好地履行职责。获悉此事后，教皇赐予了沃尔西更大的权力，只要国王和创建者不反对，他可以按需要没收修道院。修道士则被其他修道院接收。沃尔西获得了国王的恩准，就开始实施起来。

但是他遭到了来自民众的激烈反对，有些地方甚至还发生了暴动，因为沃尔西的手下想要驱散修道院的居住者。

不管怎样，方案还是得到了贯彻实施，克里斯汀学院，连同伊普斯维奇的一座学校因此被建造起来。

　　沃尔西是一个野心勃勃的人。虽然他在英格兰已经爬到了一人之下万人之上的高位，但是他并没有就此而知足常乐，而是还想着有朝一日能够成为教皇。

　　很多年来，他都是国王最为宠信的人，但是亨利八世非常善变。无论男女，一旦不遂他的心意，他就会由爱转恨。

　　亨利八世娶了安拉贡的凯瑟琳为妻。凯瑟琳是他哥哥亚瑟的遗孀，费迪南德和伊莎贝拉的女儿，皇帝查理五世的姑妈。尽管如此，他又爱上一个叫安妮·博林的女人。他希望沃尔西可以说服教皇，废止他和凯瑟琳的婚姻。

　　亨利八世说，他怕这桩婚事不合法。为此，沃尔西努力说服教皇满足了亨利八世和自己的心愿。不过，这事却耽搁了好一阵子才办成，因为教皇在当时已经入狱。一名红衣主教受命同沃尔西一起组建法庭来处理这宗案子。

　　凯瑟琳被宣上法庭，但由于沃尔西是她的属下，所以她不认可法庭的权威性，并上诉至罗马。

　　由于这件事好长时间都了无音讯，亨利八世因此都快要绝望了。后来，一个名叫克莱姆的精明年轻人说，国王可以向各个学院采集对他婚姻的意见。

　　这番言论让克莱姆平步

沃尔西和凯瑟琳王后

青云。亨利八世采纳了他的建议。然而，由于没有哪所国外大学愿意给他提供意见，压力就全落在了英国大学的身上，一个令国王满意的答案被采集出来。牛津的妇人们可不吃这一套，国王的信使来取正式文书的时候，被她们用石头狠狠地揍了一顿。

教授们的答复正是亨利八世所需要的。他们说，他压根儿就不该和凯瑟琳结合，他有权迎娶安妮。国王为之大喜。凯瑟琳因之被废。安妮得以顺利成为新皇后。

亨利八世认为克莱姆救他于水火之中，应该得到重赏。所以便封他做了坎特伯雷的大主教。

安妮·博林认为沃尔西办事不力，才使得亨利八世的婚姻废止案拖了这么久。她成了这位红衣主教不共戴天的仇敌。国王对他的态度也冷淡起来，并听从了耳旁风，称沃尔西触犯国法，擅自接收教皇的"训令"。

英格兰有条法律：除非国王批准，不得发布教皇的训令。但是，亨利八世本人清楚地记得，是他批准教皇的训令经由沃尔西直接发布的。所以，红衣主教并没有触犯国法。

但是，亨利八世剥夺了之前授予他的特权，并命令他交出御玺。

沃尔西很快被指控犯了叛国罪，国王命令将其绳之以法。他当时身处远方的一座城内，一个由25人组成的卫队被派出，将他捉拿回伦敦塔。

在那时，沃尔西已经重病缠身，但是他不得不骑马数日，跟随卫队前往伦敦。当他抵达莱斯特修道院的时候，修道院院长出

沃尔西在莱斯特

门迎接了他。沃尔西对他说："院长神父，你要为我收尸了。"正如他所意料的，他立刻上床休息，不过，却再也没法离开那张床。

弥留之际，他对卫队长威廉·金士顿爵士说："假若我像效忠国王那样效忠上帝，上帝就不会在我头发都花白了还要丢弃我。"

第二天早上，当修道院的大钟敲过八响的时候，他去世了。

他是亨利八世时代英国最杰出的政治家。

在沃尔西死后，亨利八世迎娶了安妮·博林。正如沃尔西所预见的那样，他和议会宣布英格兰教会脱离罗马教会，开始独立行事。

第七章　德意志的查理五世

1500 年，也就是在哥伦布发现美洲大陆八年之后，一位西班牙王子在尼德兰的根特城出生了。他的名字叫作查理。

查理是费迪南德和伊莎贝拉的外孙儿。16 岁的时候，他从外祖父母那里继承了对西班牙和南北美洲的统治权。从其父亲那里，他又继承了那不勒斯王国和尼德兰。

当他 19 岁左右的时候，他的祖父德意志皇帝去世了。当时的 3 个很有权势的国王法兰西的弗朗西斯一世、英格兰的亨利八世和年轻的国王查理，都希望自己能够当选下一任的德意志皇帝。

结果查理从中胜出，他是第 5 个叫查理的德意志皇帝，所以他被冠以查理五世的称号。

他本来就拥有广袤的疆土，如今又加上了德意志，这使他成了比查理曼大帝（生于 742 年前后，768-814 年在位）还要有权势的君主，甚至超越了罗马帝国的统治者。

查理有能力管理分布各地、距离遥远的各国事务，真是令人惊叹。要知道，这在当时要比现在困难许多，因为那时既没有铁路和蒸汽机驱动的轮船，又没有电报和电话。马路不仅很少，其中的大部分路况还很糟糕。但查理就是把这个大帝国的各个地方治理得井然有序。尽管他不能到达每个地方，但每个地方都能感受到他的威势。

1518 年，墨西哥被一名西班牙人发现。为此，一支探险队很快就被从古巴派出，前去占领该国。10 艘船，载着大约 700 名西班牙人，在埃尔南·科尔特斯的率领下，扬帆启程。西班牙枪炮的轰隆声使得墨西哥人误认为，这些西班牙人简直就是刀枪不入的神明。

底拉斯卡拉人是墨西哥国王蒙特祖玛的敌人，科尔特斯说服他们加入了自己的队伍。于是这些本地人和西班牙士兵一起向墨西哥城进发了。

蒙特祖玛刚开始以为科尔特斯是墨西哥人的上古之神，是先王的化身，就盛情款待了他。可是科尔特斯却借机俘虏了国王，把他严密看管起来。科尔特斯还强迫他交给西班牙人价值约合 50 万美元的黄金。

蒙特祖玛一下子拱手让出如此多的宝贝，让墨西哥人非常恼火，其中一些人就此造反。虽然蒙特祖玛尽量予以好言安抚，不过造反者却不买账，他们纷纷拿起石头砸他。他被砸伤了，而且伤势很重，此后不久，便不治而亡。

科尔特斯最终成功地占领了墨西哥城，整个墨西哥也成了查理五世庞大帝国版图的一部分。

科尔特斯在战斗

　　查理的近邻之一、法兰西的国王弗朗西斯一世非常嫉妒他。弗朗西斯一世想要占领西班牙的纳瓦拉省，为此，两者之间爆发了好几场持续数年的战争。

　　弗朗西斯是个劲敌。像汉尼拔一样，他穿过白雪覆盖的阿尔卑斯山，侵入了意大利。但是查理是个比他更厉害的对手。在一次战役中，他俘虏了弗朗西斯，还有一次，他俘获了教皇。通过战争，他不仅占领了罗马，还把教皇大人囚禁于圣安吉洛的一座城堡里，那里原本就属于教皇本人。

　　弗朗西斯最终不能越雷池一步，眼睁睁地看着纳瓦拉再次落入了查理的手里。

　　查理面临着不少亟待解决的难题，其中一个就是遍布德意志全国上下的宗教纷争。

　　德意志帝国在当时是由很多松散的州组成的，例如，萨克森、巴伐利亚，以及其他的州。这些州的统治者拥有各种各样的头衔。有些被称为公爵，有些叫作亲王，还有些叫作国王。

查理五世围困梅斯

　　德意志这些州的统治者和民众被分成了两个大的派别——罗马天主教教徒和路德教教徒（或者叫新教教徒）。他们之间的纷争大约从查理降生之日起就开始了，并最终持续了一百多年。经过了惨烈的"三十年战争"，纷争才于 1648 年最终得到平息。

　　查理一心想终止这场纷争所带来的恶果。对他来说，最简单的方法莫过于将新教徒集体清除干净。但是德意志的很多亲王和民众都成了新教徒，所以他就不可能对他们斩尽杀绝。在不得已的情况下，他只好默认了北德意志的大部分地区都信仰新教的事实。

　　正当查理忙着让德意志的不同宗教教派和平相处的时候，一个新的困难产生了。

　　苏莱曼大帝（详情见第八章）那时正统治着土耳其帝国，和弗朗西斯一世一样，他一心想从查理的领土中分得一杯羹。

　　1529 年，苏莱曼大帝召集大军，合围了当时德意志帝国的首都维也纳。不过，他却被打败，铩羽而归。然而，这并没有完全挫败他。他又纠集起一支大部队，朝德意志的东南方向进发了。

查理从中看到了将德意志的天主教徒和新教徒撮合在一起的绝好机会。他号召双方要拿出兄弟阋于墙、外御其辱的精神，勠力合作，同仇敌忾。整个德意志马上积极响应，一支全欧洲最精锐的部队被集结起来。

查理为了鼓舞士气，亲自挂帅，征战土耳其人。苏莱曼获悉这个消息后，感觉形势不妙，只好不战而退。他看出来了，对自己来说，最明智的举动莫过于把德意志留给德意志人来管理，他应该把更多的精力投入到自己的内部事务上来。

土耳其人仍然继续在陆上和海上两个方面制造事端。苏莱曼雇佣了一个叫巴尔巴罗萨的著名海盗，让他打劫所有途经地中海的基督教徒商船。巴尔巴罗萨和他的主人下定决心，除非是土耳其的船只，其他任何船只，如果不向土耳其人支付买路钱，就休想从这片海域通过。海盗们掠夺了基督教徒们的船只，扣押下船上的货物，并将他们在上面发现的人变成了奴隶。

对此，查理无法袖手旁观，他决定采取行动来终止这一切。于是，他进攻地处非洲北岸的突尼斯，那可是巴尔巴罗萨的大本营。巴尔巴罗萨被打得落花流水，突尼斯也被夺取，好几千由基督教徒变成的奴隶得以解救出来。

欧洲上下闻之一片欢呼雀跃，查理被视为基督教航海者的庇护者。

这些战争虽然打赢，但却耗费了大量金钱，一些查理的属下强烈地反对交纳强加在他们身上的各种税款。

荷兰人，更是叫苦不迭。查理的出生地根特城的民众，甚至斩钉截铁地拒绝纳税。他们的反应和我们那些为美国革命战争征战的祖辈一样。他们认为，纳税的人有权知晓所纳税款被用在了哪些地方。

查理则认为，人民只有纳税的义务，至于这些钱该怎么来花，只有他一个人说了算。所以，他决定惩戒根特人，希望能够以儆效尤。

他取消了规定根特人有自行选举行政长官权利的宪章，自行任命他的亲信前去处理他们的事务。他还以叛国罪的罪名，处死了唆使民众起来反抗，并拒绝纳税的那些人。

1541 年，他企图征战阿尔及尔。不过，他的舰队却被毁掉了，有超过一半的士兵因此命丧大海。虽然这是查理非常看好的一次行动，但是他也不得不就此收手，放弃了征讨的计划。

随着年事渐高，查理意识到他不可能再随心所欲地掌控这个庞大的帝国了。阿尔及尔的海盗仍然非常猖獗，他超过半数的德意志子民都将成为新教徒。无论他说什么，或者做什么，一切都无济于事。

他为此感到灰心丧气。1554 年，他把荷兰和那不勒斯王国传给了他的儿子菲利普。

接着，他在布鲁塞尔召集了"全国议会"，或者是荷兰的议会，他右手挂着拐杖，左手搭在年轻的奥兰治王子的肩头，发表了一场非常庄严的演说。

他说他羸弱的身体，使得自己必须放弃继续料理国政的重任。他接着请求"全国议会"原谅自己在位时所犯的过失，并拥戴菲利普为他的继承人。

查理五世在尤斯特

全体与会人员泪流满面，啜泣不已。查理本人更是哭倒在一把椅子上，像个孩子一样嘤嘤抽泣。

两年后他选择了退位，不再做西班牙的国王。又过了两年，他放弃了德意志皇帝的职位。

他在西班牙的尤斯特修道院附近建造了一座宫殿，并在那里度过了余生。

据说，他为了消遣，想让该宫殿里不同房间内的时钟，计时完全一致。可是，当他发现自己根本无法这样做的时候，便感叹道，怪不得不能让王国里所有的臣民都按他的意愿生活和行事呢。

尽管他野心勃勃，独断专行，但是他仍然稳稳地控制住了他的臣民。他执政期间所做的一些事情，对后世的欧洲产生了强烈影响。

在淡出政坛后的日子里，他很喜欢参加修道院里的宗教仪式和倾听各路信使从各个领地带回的各种报告。他的精力因此很快耗尽，并且于1558年去世。

第八章　苏莱曼大帝

苏莱曼一世，有时也称作苏莱曼大帝，是查理五世任德意志皇帝期间土耳其的苏丹。他大约出生于 1490 年，在 25 岁的时候成为苏丹。

当苏莱曼的父亲萨利姆一世（生于 1467 年，1512-1520 年在位，奥斯曼帝国第九任苏丹）躺在床上弥留之际，曾对他说："我的儿子，我就要死了，你不久就要成为土耳其的统治者。我在位期间，努力把我的帝国打造成了一个军事强国。请答应我，你要继承我未竟的事业，努力把土耳其塑造成一个令人敬畏的国家。"

"父王，"苏莱曼说，"我一定会竭尽全力，使我的国家能和世界上的任何其他国家匹敌。"

直到路易九世（生于 1214 年，1226-1270 年在位）参加十字军东征的法兰西国王的时代，我们对土耳其人还处于一种一无所知的状态。仿佛是突然之间，一小撮奇怪的好战人种从中亚袭来，他们用了大约五十年的时间，就占领了我们如今叫作小亚细亚的所有亚洲部分的地盘。

君士坦丁堡

只有一条叫作博斯普鲁斯的狭窄海峡，大约一英里宽，横亘在它们和美丽的城市君士坦丁堡之间。君士坦丁堡在当时是东罗马帝国的首都。从博斯普鲁斯海峡的亚洲这一侧望去，土耳其人可以看到这座基督城内林立的城堡和圣索菲亚教堂，那可是当时基督教世界内最为壮丽的教堂。

1453 年，当古腾堡正在印刷他的第一本拉丁语圣经的时候，土耳其人用一支强悍的舰队进攻了君士坦丁堡。虽然希腊人已经在入港处设置了一条横贯港口的链条，但是土耳其人却铺出了一条五英里长的栈道，将他们的加列战舰放在上面拖了过去，并一直拖到君士坦丁堡的城墙下。他们的大炮将城墙轰开了一个豁口，土耳其人正是通过此处得以蜂拥般进城，并迅速攻占了那个地方。

尽管希腊皇帝奋勇作战，但最终还是倒下了。土耳其人完全以压倒性优势打败了基督教徒。

夕阳西下，苏丹感谢真主保佑，使他取得了这次胜利。圣索菲亚教堂马上被改造成了一座清真寺，保存至今。

土耳其人以胜利者的姿态进入君士坦丁堡

君士坦丁堡一经攻下，土耳其人就取得了他们在欧洲的第一个据点。在接下来的二百多年里，他们一直坚持不懈，梦想着成为整个欧洲的主宰者。

抱着这种念头，苏莱曼侵入了塞尔维亚，并将其首都贝尔格莱德包围起来。贝尔格莱德城堪称当时全世界最为坚固的防御工事之一，也是东方基督教徒的一大要塞。苏莱曼攻陷了这座城池，将塞尔维亚纳入土耳其帝国的囊中。

接着，他又侵入了匈牙利。1526 年，一场恶战在摩哈奇打响。苏莱曼取得了胜利。大批匈牙利贵族，连同他们的国王路易二世因此而命丧黄泉。

多瑙河谷的一大块领地现在已经落在了苏莱曼手里，其中一部分持续三个世纪都是土耳其的疆土。

土耳其人侵略事件

这次战役过后，一些匈牙利贵族选举了一个名叫约翰·萨普雅的人作为他们的国王。一位更有权问鼎王位宝座的王子是费迪南德，此人是奥地利的公爵，查理五世的兄弟。

萨普雅无法将费迪南德的军队从王国中驱逐出去。他向苏莱曼请求帮助。这可是苏里曼求之不得，又非常乐意去做的，因为他看到，这可以为自己提供完全占有匈牙利的机会。

他率领着一支庞大的军队，向匈牙利进发了。他从费迪南德手里夺取了军事重镇布达，并使它成了他自己的统帅总部。

此后不久，他又率领一支近20万人的军队出现在维也纳面前，而维也纳正是费迪南德的首都。在几次尝试攻占这座城市未果之后，他不得不放弃了围攻。但是，战斗从未停止，一直持续到萨普雅可以统治匈牙利一半国土的协议达成。当然了，萨普雅由此成了苏莱曼的傀儡。

一段时间之后，苏莱曼强迫费迪南德向另一半的国土纳贡。于是，整个匈牙利成了土耳其帝国版图的一个省，这种局面一直持续了一百五十多年。

非洲北部的所有地区都是伊斯兰教徒的天下，从其海岸，很容易派遣远征军袭击基督教国家的船只。苏莱曼挑选了突尼斯作为其舰队的总部。他著名的舰队司令巴尔巴罗萨对每一个基督教船员来说简直就是个噩梦，是一个令他们闻风丧胆的人物。他迫使在地中海经营商业的国家必须向他进献贡品，听起来，就好像这地中海就是土耳其人自己的内海，而其他国家的船只都无权在此航行一样。

查理五世决心夺取阿尔及尔，并解救好几千被土耳其人关在监狱内或者当作奴隶使用的基督教徒，终结他们所遭受的苦痛。他率领着一支超过两万人的军队，在阿尔及尔附近登陆，并给人以他对这座城市志在必得的印象。

但是，就在他打算发动攻袭之前的那天晚上，当地却刮起了一场暴风，一场暴雨也随之而降。战士们没有帐篷可供躲避，个个都成了落汤鸡。大风劲吹，冷得刺骨。直到早上，土耳其人从城门出发，向基督教徒们发动了突然袭击，使他们顿时陷入一片混乱之中。

查理五世自己骑着战马，迅速集合起队伍。不过，他们虽然英勇战斗，却无法夺取这座城市，在牺牲了几百人的代价下，他们撤退到船上，不得不返回西班牙。

苏莱曼的另一位海盗船长是卓古特。他袭击了离那不勒斯不远的两座村庄，抓捕了大约一千个俘虏，其中有男人、女人，还有孩子。随后，他放出风去，让基督教徒明白，如果他们能拿出足够多的钱，就可以赎回被他俘获的亲人或朋友。他同时还告诉土耳其人，他们可以购买他的战俘用作奴隶。

有鉴于此，在苏莱曼的统治之下，土耳其人无论是在海上还是在陆地上，都令欧洲最为强势的国家感到畏惧。虽然如此，土耳其的势力不能越过匈牙利向前推进，唯一的例外就是他们曾经对维也纳发动的袭击。

在欧洲遇阻后，苏莱曼将心思转向了亚洲，并仗着自己强大的军队，侵入了波斯。

波斯人与他在战场上相遇了，但是波斯的君主最终不得不靠支付庞大的金钱来换取和平。若不然，苏莱曼就会占领这个国家。

苏莱曼曾经对其父亲做出的承诺得到了很好的兑现。他将土耳其帝国的疆土向西推进到欧洲的腹地，向东则推进到亚洲的中心。他的所作所为，令这两座大陆感到惊恐不安。

但是，凡事都有盛极而衰的一天，这种局面的终结指日可待。1566 年，匈牙利爆发了一场革命，苏莱曼率领一支庞大的部队前去镇压它。当时，他已经是位头发全白的 76 岁老人，不过仍然精力充沛、积极踊跃。他骑着一匹自己最为喜欢的、带着他驰骋很多场战役的黑马，走在队伍的最前列。他非常高兴，又充满希望，一路上都与自己的官员交谈不止。

"我这一次必须干脆彻底地征服匈牙利人，"他说，"只有这样，他们今后才不会再生事端。然后，我就回家，将剑挂起来，因为我已经一把年纪了，无法再忍受征战的困苦。"

他穿过了德拉瓦河，用兵包围了西盖蒂的要塞，此地由一小股匈牙利人守卫。他们勇敢地抵御着土耳其人的进攻，但在四周后却被迫投降。

可是，这位征服者并没有来得及享受胜利的喜悦。他为中风击倒，攻城未果就去世了。

假如苏莱曼矢志致力于本国的发展，而不是一生东征西讨，他本可以成就一番伟业。在开始掌权的前几年，他就制定了极好的法律法规，努力做到对所有人都一视同仁，他还严厉地惩戒过王国内任何欺骗和压榨人民的官员。

他极有可能就是土耳其所有苏丹中最伟大的那一个。

第九章　弗朗西斯·德雷克爵士

伊丽莎白女王，通常被称作"英明女王"，于 1558 年继承了英格兰王位。她的统治相当了不起和成功，为整个国家的荣耀增光添彩。

正是在伊丽莎白统治期间，英格兰首次成为一支强大的海上力量。在所有辅佐她实现这种丰功伟绩的人中，最著名的莫过于弗朗西斯·德雷克爵士了。

关于德雷克的出生年月，尚存在着一些争议。现在，人们通常认为他是 1540 年出生的，尽管有些作家认为，他的出生日期至少比这还要早五年。

他的出生地是德文郡的一座小城塔维斯托克。从孩提时起，他似乎就对大海情有独钟。由于他的父母太穷，无法帮助他谋个好差事，他就在船舱里当上了服务员。不过，由于他胆识过人，很快就被擢升至英格兰海军的最高官衔。

1567 年，他跟随舅父、当时的著名航海家之一霍金斯，登上了一艘前往非洲和西印度群岛贩卖黑人奴隶的船。他在旅途中的所见所闻为其接下来的生活定下了基调。

有一次，他们的船只因为风暴而偏离了航线，不得已，只好躲到墨西哥沿岸的一个西班牙港口圣胡安港寻求庇护。在那里，他们起初受到了热情的招待，可是，没想到这一切都是在演戏，因为，他们随后就受到一股优势武装力量的攻击，仅有两艘船得以逃脱。

经历过这次背信弃义的行为之后，德雷克决心抓住一切机会打劫西班牙人，借此弥补他和舅父所遭受的损失。

在 1570 至 1571 年间，德雷克又两次航海前往西印度群岛，为的是搞清西班牙殖民地的情况和实力。

1572 年，他带着两艘船，再次启程。其中，一艘载重量为 75 吨，另一艘为 25 吨。他计划夺取巴拿马海峡的农布雷 - 德迪奥斯城。此地为西班牙人将从秘鲁矿井中开采的黄金和白银运往西班牙的港口。

在攻城的过程中，德雷克受了重伤。为了不影响士气，他对下属隐瞒了伤势，接着他们就攻克了这座城池。然而，就在他们推进到当地的商业中心，并期待能在那里搜获财宝的时候，他却因失血过多而晕倒在地。他的人见状马上把他抬回船上，计划也随之告吹。

然而一旦力所能及，他又开始在这一海岸来回航行。他缴获了大批船只，并从船上搜罗了巨额金钱和大量货物。

他和一个由逃亡奴隶组成的叫作"非洲人"的团伙结成联盟，

并与他们一起在某个河口的小岛上修建了一座堡垒。德雷克和他的人一直在那里待到 1573 年 2 月 3 日。

德雷克就在那天出发了，在一些"非洲人"成员的引领下，他们穿过巴拿马海峡，第一次亲眼见到了太平洋的景观。在穿过海峡的途中，他们把他带到一棵大树下，那棵大树正好长在山顶上。在这棵树的高处枝丫上，有一个可以容纳 10 至 12 人自由自在站立的平台。德雷克爬上这个平台，欣喜地发现，在那里，可以同时看到大西洋和太平洋的景观。

德雷克于 1573 年秋天返回英格兰，带回了大量财富。这些钱财他都用最严格的公平原则分配给其追随者。他自己分到的是一笔巨大的财富，让他能够购买 3 艘船。率领着这些船，他驶向了爱尔兰，在那里，他毛遂自荐投身于埃塞克斯伯爵的麾下，"做出了卓越战绩"。

但是，弗朗西斯·德雷克爵士最广为人知的身份是第一个环球航行的英格兰人。1577 年 12 月，他带着 5 艘小船（它们的尺寸同哥伦布所率船只相仿）驶出普利茅斯港。

他耗时七个月抵达巴塔哥尼亚，在那里休整了大约九周。其中两艘船渗漏很严重，已经无法继续使用，他被迫丢弃它们。船上的船员和储备物品都悉数被转移到其他几艘船上，这样，舰队又开始横穿麦哲伦海峡，并由此驶入了太平洋。

这比麦哲伦（1480-1521 年）通过此地晚了六十年，但是德雷克的船队是继这位伟大的葡萄牙航海家之后，第一支重走这一航线的英格兰探险队。

当船只在海峡内航行的时候，一场可怕的暴风雨降临了，这也是合恩角地区一直闻名于世的原因。一艘名叫"玛丽戈尔德号"的船从此销声匿迹，"伊丽莎白号"的全体船员看到如此恐怖的天气，都灰心丧气到了极点，他们于是改变航向，返回了英格兰。

尽管德雷克还剩下一艘船，但他不愿放弃，仍然继续向前航行。他想方设法驶入了太平洋，沿着智利和秘鲁海岸向北航行。

西班牙人已经在南美洲的西海岸建立了殖民地。圣地亚哥几乎在四十年前就被发现了，利马也成了一个颇具规模的城镇。

因为西班牙和英格兰彼此交恶，所以，对英格兰人来说，掳获西班牙船只和洗劫西班牙城池就成了天经地义的事情。伊丽莎白女王已经亲自签署了委任状，准予德雷克如此行事。

在洗劫了一些西班牙人的定居点之后，他又继续向前航行，直至到达北美洲的西海岸。在那里，他发现他的船需要再次进行修理，于是他不得不在后来以他的名字命名的德雷克湾登陆，此处位于圣弗朗西斯科（又称旧金山）湾北部，两地相距很近。

他从加利福尼亚穿过太平洋，造访了香料群岛和爪哇。离开爪哇后，他横穿印度洋，经由好望角而进入大西洋。接着，他又驾船一路向北，朝着英格兰方向驶去，并于开启此次航行之后的两年十个月返回家园。

他一到达英格兰，就在带他环游世界的船只上举行了一场宴会。伊丽莎白女王就是贵宾之一。为了表彰他的丰功伟绩，她在那艘船的甲板上授予他爵士的称号，也正是通过这种方式，他开始为人们称作弗朗西斯·德雷克爵士。

这艘小船历经暴风骤雨的洗礼，已经破败不堪，难以续航。但是伊丽莎白下令将其妥善保管，作为其著名船长的不朽作品。

一百年后，人们发现，船上的木料已经严重腐朽了。不久，它就被拆解了。其中有一块仍然保存良好的木头，被做成了查理二世（生于1630年，1661-1685年在位）国王的御椅。后来又被转交给牛津大学，我们现在仍然能够看到它。

若干年后，弗朗西斯爵士再次为他的国家做出了一项非常有价值的贡献。西班牙国王腓力二世（又译为菲利普二世，生于1527年，1556-1598年在位）为侵入英格兰而装备了一支庞大的舰队。德雷克获悉这只舰队的大部分船只停泊在加的斯港口，正在为征战做最后的准备。

他当时正带领由他指挥的13只战船停留在里斯本，闻讯后，便立刻下令向加的斯驶去。一到那里，他就派遣一艘火攻船开到西班牙舰队的中间，烧毁了其中的近百艘，并全身而退。

西班牙舰队的征伐因此而被拖延了将近一年的时间，当这支舰队最终得以成行，并逼近

德雷克在加的斯

英格兰海岸的时候，德雷克在颠覆这支舰队上所做的贡献，是其他任何人都望尘莫及的。

西班牙人已经聚集了大约 130 艘战船，超过 5 万人的兵力，他们还为这项军事配备起了个霸气十足的名字"西班牙无敌舰队"。3.5 万人将会在泰晤士河口登陆，另一支庞大的军队将在更北的地方登陆。接着第三支队伍将会作为策应，威胁西海岸。通过这种方式，英格兰将陷于三面同时受敌的困境。西班牙人认为，这样一来，英格兰人将会不知所措，进而投降。

不过，这支庞大队伍的准备可谓是百密一疏，在它们快要靠近英格兰的时候，还没意识到，对方为迎击它这个敌人而做了各种准备。

英格兰的队伍被集结在蒂尔伯里，一旦发现西班牙人成功登陆，就要向他们发动进攻。女王骑在马上检阅了他们，并发表了鼓舞人心的演讲。伦敦的商人和其他港口贡献了他们的船只，作为战船来用；富有人士带来了他们的金银财宝；穷人则志愿在陆

德雷克的船队从加的斯返回

军和海军服役。就这样，海岸得到了良好的守卫，战船的数量也由 30 艘激增至 180 艘。

这些船只上载有 1.6 万人，不抵敌人舰队人数的一半，但是他们是精力充沛的英格兰战士。霍华德是海军大臣，与他一起的还有德雷克、弗罗比舍（1535 或 1539-1594 年，航海家、探险家）和霍金斯，他们都是当时最为著名的英格兰航海家。

1588 年 7 月下旬的一天晚上，英吉利海峡岸边的所有导航灯都亮了起来，旨在提醒人们西班牙舰队即将到来。第二天早上，以新月形排列的无敌舰队靠近了海峡。这支庞大的队伍绵延了足足有 7 英里长。

英格兰舰队驶出了普利茅斯港。它的战船都非常轻便，而西班牙人的战船却普遍笨重。不过，更为重要的是，英格兰的战船操作得法，枪炮准确率高。比较而言，西班牙人的大部分炮弹都从英格兰战船上方呼啸而过，落入海里。

西班牙人尽力缩短两者间的距离，但是英格兰战船操作灵活，使得西班牙人的企图难以实现。日复一日，战斗打了一周，尚未结束。

西班牙司令官接着率领他的舰队进入了海峡靠近法国一侧的加来港。他希望能够获得储备物资和弹药，还希望能够得到一些小型战船以及敏捷的驾船人，并以此匹敌其对手的轻快战船。

英格兰的舰队跟随上来，可是，法国却不允许它在港口对西班牙人发动攻击。为了迫使它们驶入公海，英格兰人将它们最为陈旧和糟糕的 8 艘战船改成了火攻船。焦油和树脂等易燃物都被放到了上面去，桅杆和绳索都被涂上了柏油，他们的枪炮都被填满了弹药，就这样所有的火攻船都被点燃了，在午夜时分，它们顺着风和潮汐向港口漂去。这支用于火攻的战船起到了应有的作用。它虽然的确不需要向任何西班牙战船开火，但是却使西班牙

西班牙船队遭受火攻

人惊慌失措，并纷纷从港口起航，向公海驶去。正在公海守株待兔的英格兰人趁机向他们发动了袭击。经过一天的激战，许多西班牙战船被摧毁，4000 名士兵死于战乱。

第二天，西班牙的指挥官们召开了一次战时会议。需要决定的问题是穿越霍华德的舰队还是绕道苏格兰并避免受其枪炮的攻袭而回国。会议决定，尝试着绕道苏格兰航行。因此，所有残存的或许有 120 艘战船组成的西班牙舰队向北方驶去。

在苏格兰海岸上，布满危险的岩石，当被打得惨败的无敌舰队靠近奥克尼群岛的时候，暴风骤雨大作，导致许多战船因此被毁。就这样，大自然完成了以人类征战开始的，曾经在欧洲海岸航行的最为强大的舰队的毁灭。只有 54 艘战船和大约 1 万人成功逃回西班牙。大约 80 艘战船被毁，好几千人丧生。

短兵相接

在无敌舰队惨遭摧毁十年之后，弗朗西斯爵士又对西印度群岛进行了一次航行。他依然铭记着夺取巴拿马海峡边上的波托贝洛城，并因此确保将运往西班牙的黄金和白银带到此处的计划。

然而，他这次注定要失望了。他因发烧于 1596 年 2 月 28 日死于他所乘坐的船只。

他的遗体被埋葬在了大海里。提及他的葬礼，麦考利勋爵曾写下如此诗句：

> 波浪化成了他的裹尸布；
> 海水就是他的坟墓。
> 但是，对于他的盛名——威力无穷的大海
> 却没有足够的空间可以安放。

虽然他膝下无子，但是其侄子在詹姆斯二世时期受封为准男爵的事实表明，政府对其功劳的高度认可。更重要的是，英格兰将会永远满怀感激之情铭记这位在其奋力成为"海上霸主"的过程中做出过卓越贡献的人。

第十章　沃尔特·雷利爵士

另一位生活在伊丽莎白女王时期的著名英格兰人是沃尔特·雷利爵士。他是一名军人、政治家、诗人和历史学家，不过他最令人感兴趣的事迹却是，他是第一个尝试在今天以美利坚合众国著称的地区进行殖民的英格兰人。

1552年，他出生于英格兰的德文郡。他的成长年代，正是英格兰民众对胡格诺教徒（人们对法国新教徒的称呼）充满同情心的时代，正如人们称呼法国天主教徒一样，雷利在胡格诺军队内作为一名志愿者入伍。他待在法国的时候，正赶上1572年的圣巴塞洛缪大屠杀，对于他在那里具体待了多久，我们不得而知。

1580年，他作为一支百人队的队长率部开赴爱尔兰，协助镇压那里发生的一场叛乱。

在30岁的时候，他返回了英格兰，并成为伊丽莎白女王的一个侍臣。他不断地想方设法取悦她。坊间曾流传着一种说法，有一天，当伊丽莎白在格林尼治外出散步的时候，走到一个泥泞不堪的地方。见此情景，负责陪侍在侧的雷利快速地脱下其昂贵的外套，将其覆盖在泥地上，铺成一张供女王在上面走而不至于弄脏鞋子的特制地毯。这种殷勤的行为据说使他在伊丽莎白那里很受青睐。

雷利献殷勤

无论这个故事是真是假，可以肯定的是，数年间，他一直都是宫廷里最受宠信的人。

在伊丽莎白女王执政期间，英格兰人开始对北美洲这个新地区产生巨大的兴趣。雷利和他的同母异父兄弟汉弗莱·吉尔伯特爵士从伊丽莎白女王那儿获得在北美洲任何一片未被基督教国家宣布主权的土地上殖民的特许状。

1583 年，5 艘装备齐全的船只在吉尔伯特的率领下从英格兰启航。虽然雷利最终未能同行，但是他却承担了这支探险队所需的大部分费用。

远航甫一开始，其中一艘船就因有船员患病而不得不返回英格兰。不过，吉尔伯特连同其他几艘船依然继续前行，他们穿越了大西洋，最终抵达了纽芬兰。在那里登陆后，他们以伊丽莎白女王的名义占领了这座岛屿。

接着，吉尔伯特带着船队继续向前航行。

在布雷顿角岛附近，船队中最大的船深陷淤泥之中，并在波浪的侵袭下裂成碎片，船上的近 100 人中，仅有 14 人幸免于难。

吉尔伯特认为，以他们当时的情况，根本无法实施殖民计划，因此他决定率领剩余的 3 艘船返回英格兰。

一场恐怖的暴风雨不期而至，不过，短时间内 3 艘船还是可以靠在一起的。当人们最后一次看到吉尔伯特的时候，他正坐在船尾读书。他对着其他船上的人大喊道："我们在海上，与在陆上一样，离天堂都是一样近。"当天夜间，他的船就沉没了，船上人员无一获救。其他船只得以成功到达英格兰。

雷利并未因此次出航的失利而泄气。第二年，他又向美洲派遣了一支探险队。

这一次，他的船只及时地到达了现在为人熟知的北卡罗来纳州的海岸。每个人都对这个地区的美景着迷。然而，在对这个海岸做了一些勘探，并以伊丽莎白的名义占领了此地之后，出于某种原因，探险队在没有建立据点的情况下就返回了英格兰。

探险队员对他们所造访地区的绘声绘色的描述引起了伊丽莎白女王的极大兴趣。由于她被人们称作"童贞女王"（Virgin Queen），雷利就建议她将她的名字"弗吉尼亚"（Virginia）赐给这片新发现的领土。她采纳

雷利在美洲竖起伊丽莎白女王的军旗

了雷利的建议，构成了这片被发现的领土一部分的弗吉尼亚州因此而得名，并沿用至今。

不久，雷利就组织了第三支探险队，这一次船队于1585年起航，上面还搭载着大约100名殖民者。他们分坐在七艘船上。这支船队由理查德·格伦维尔率领，殖民者则由著名的士兵拉尔夫·雷恩负责。

经过一段长时间的航行，他们到达了位于北卡罗来纳海岸的洛亚诺克岛。格伦维尔带着船队返回英格兰，雷恩则留在岛上，开始创建第一个定居点。

殖民者极有可能与印第安人发生过争吵。他们的生活物资短缺，从北美印第安人那儿又一无所获。此外，也没有船只从英格兰带来补给，万般无奈之下，殖民者们感到灰心丧气极了。

第二年，在弗朗西斯·德雷克爵士的率领下，一支船队非常偶然地到达了那里，结果，所有的殖民者都打道回府了。

在那批人里，有一位名叫托马斯·哈里奥特的，在其对殖民地的记述中，提及一种当地人称作"伊魄慕渴"的草本植物，而且还讲述了当地人是如何用管子来抽的。这种草本植物就是烟草。哈里奥特和他的那帮难兄难弟都喜欢上了这种烟草，这一次，他们就随身带回去好多。

这是出口英格兰的第一批弗吉尼亚烟草。回国后，有一些被送给了喜好用银质烟管吸烟的雷利。伊丽莎白女王也学会了这种技艺，受其影响，在英格兰的高级别官员中，吸烟一时成了时尚。

1587 年，雷利向弗吉尼亚派出了第四支探险队。这支队伍由 3 艘船组成，在怀特船长的领导下，搭载着 150 名殖民者。

在将乘客送至目的地后，怀特返回英格兰运送供给物。当他三年后重返美洲的时候，

雷利吸烟引起仆人惊恐

他发现殖民者们一个个都无踪影，至于其间发生了什么不测，至今一无所知。就这样，雷利最后一次殖民弗吉尼亚的尝试以失败告终。

对这片将要被殖民的新大陆信心百倍的他，曾经对弗吉尼亚进行描写道："我有生之年，将见证它成为一个英格兰国家。"他的确做到了这一点，因为他一直活到 1618 年，当时，英格兰在美洲建立的第一个殖民地詹姆斯敦都已创建达十年之久。

因其在镇压爱尔兰人叛乱中立下功劳，作为奖励，女王赠予他一大片位于爱尔兰的土地。与爱尔兰财产有关的最令人感兴趣的事实当在于，雷利在那里种植了欧洲第一批土豆。

在前面的篇章，已经叙述过西班牙的腓力二世在 1588 年如何试图用他著名的无敌舰队入侵英格兰以及那支了不起的舰队是如何被摧毁的故事。正因为此，英格兰人心目中植下了仇恨西班牙人和渴望对他们进行伤害的种子。

　　在当时，西班牙对新大陆已经被勘探的大部分地区提出了主张，她的船只总是满载着她在这些地区攫取的资源和财富，尤其是从其矿井中开采的白银回国。

　　雷利装备了海盗船来俘获这类船只，有一艘西班牙大船因此被截获。她是当时被带至英格兰港口的最有价值的战利品。女王本人不仅对探险队表现出浓厚的兴趣，还心甘情愿地从这种劫掠中坐收不菲的分红。

　　雷利仍然对进行殖民表现出极大的渴望，当时，他将注意力转移到了南美洲。1594年，他派遣威登作为船长，率领一艘船去勘探今天为人所知的圭亚那地区。

　　关于这个地方蕴含的黄金数量有如何多的寓言般的故事不止一次地为人们讲起。据说，当地国王在向天神进献贡品的时候，周身都会穿戴金粉，通过这种行为，西班牙人称其为"埃尔多拉多"，也就是"镀金之人"的意思。

　　1595年，雷利亲率5艘船前往被称为"镀金国王"的地方。他进入了奥里诺科河河口，并沿着这条河向上航行了大约400英里远。不过，这条河流的地势变得越来越高，使得在此航行危机四伏。雷利因此返回了海岸，不久就回到了英格兰。

　　同西班牙之间的战争仍然在进行着。1597年，一支英格兰探险队在霍华德和埃塞克斯的率领下全副武装地向西班牙海岸的海港加的斯发动进攻。当时雷利就在其中的一艘船上，并且发挥了重要的作用。英格兰人捣毁或俘获了一支庞大的、停泊在港口内的西班牙舰队的船只，就连这座城市也屈膝投降了。

这种战绩是英格兰海军已经斩获的最为辉煌的成果之一。此后，西班牙人再也没有恢复其海洋霸主的地位。

在伊丽莎白统治期间，雷利受到了女王及其人民的高度评价和器重。直到女王去世，他还是议会的议员。然而，1603 年继位的詹姆斯一世（生于 1566 年，1603-1625 年在位）却不赏识他，因此他不仅剥夺了雷利所有的官职，还指控他密谋反对国王。

雷利就这样遭到了逮捕，被带到审判席上。一位当时在场的人士写道，当审判开始的时候,他只需要走100英里看其接受绞刑。不过，在绞刑实施前，他却需要走 200 英里才能救下他的命。

纵然无法证明雷利有任何犯罪事实，他还是被判了死刑。只是等他上断头台的时候，他的死刑才被改变成终身监禁。

他在伦敦塔里被囚禁了十三年，在那里，他写成了巨著《世界历史》一书。据报道，在其被羁押期间，威尔士亲王经常去塔里探望他，说："除了我父王，世界上不会有第二个人会将这样的一只鸟儿放在这样的一个笼子里面。"

1616 年，雷利被释放，这使得他能够再一次继续对圭亚那这片黄金之地的探险

雷利告别妻子

和捕获西班牙商船的活动。

　　但是，在他们到达奥里诺科河之前，他的船员中却爆发了疾病，雷利本人也为热病击倒。他的儿子在同西班牙人的一次争斗中被杀。1618 年，这位可怜的父亲心碎地回到英格兰。

　　在其刚到达不久，即被再次逮捕，第二天就被以十五年前通过的死刑判决判了死刑。

　　即使是这样，他也毫无惧色。在断头台上的时候，他要求看看行刑的斧头。"这丝毫不会令我感到害怕，"他说，"对我来说，它就是治愈我所有疾病的一剂速效猛药。"当有人告诉他需要将头朝向北方的时候，他回答道："头搁在哪里还不一样，只要内心是对的。"

　　雷利的殖民尝试导致了 13 个北美殖民地的创建，这些殖民地构成了美利坚合众国的基础。

第十一章　纳瓦拉的亨利

　　1569 年，法国天主教徒与胡格诺教徒或法国新教徒之间爆发了一场激烈的流血战争。虽然宗教在战争中发挥了巨大作用，但是，它实质上更是一场政治而非宗教斗争。

　　在那年夏天的早些时候，天主教徒在靠近雅纳克城的地方赢得了一次重大胜利。在那些战斗中阵亡的人里面，就有著名的新教领袖、孔代亲王路易。

　　新教徒的军队残部在科尼亚克城堡附近安下营来。他们满心哀伤，士气也很低落。突然间，远处鼓号齐鸣，一个哨兵通报说，一队士兵正在向他们靠近。不一会儿，他们就得到消息，那些人是胡格诺教徒，在战场上惨败的新教徒见到自己的同志，格外高兴。

　　经证实，他们为位于法国西南部的小王国贝亚恩的女王珍妮·阿尔伯特的护卫。她统治下的人民都是新教徒，一听到孔代的死讯，她就尽可能快地赶到了新教徒的营地。

　　这支军队立即整队，以迎接女王大驾。只见她向前走了几步，握着她儿子的手说："我的朋友们，我们的事业并没有随着孔代

亲王的死而结束。我们还有勇敢的上尉们。我向你们提议，由孔
代的外甥、我的儿子、纳瓦拉亲王继任你们的领袖。"

伴随着大呼"纳瓦拉亲王，亨利万岁"，战士们立刻选举他
作为他们的最高统帅。

亨利亲王是波旁的安东尼和珍妮女王的儿子。他出生于1553
年，也因此，在他只有16岁的时候就被赋予了如此高位。

他太过年轻，还无法担当在战斗中领导军队的重任，但却已
经准备好学习了。勇敢的海军将领科利尼也同意教导他，并代行
领导新教徒军队的职责，直至他有能力亲自这样做。

亨利是一个精力充沛、身体结实又发育良好的小伙子。他过
去一直过着简朴的生活，平时吃的主食就是黑面包、栗子以及其
他一些粗淡的饭食，就像生活于他母亲王国的其他的山区农家孩
子一样。他跃跃欲试，想要立即去参加战斗，可是睿智的科利尼
就是不准许他这么做。

亨利非常喜爱阅读。他最爱读的是讲述那些从前的伟大征服
者故事的书籍。他还读过无数遍生活在不久前的忠诚骑士贝亚德
的故事——就是那位以无所畏惧又无可指责而著称的骑士。

他还不到20岁的时候，就娶了法国国王的妹妹、瓦卢瓦
的玛格丽特为妻。这场政治婚姻被寄希望于能为他的国家带来
和平。但是事与愿违，美好的希望成了泡影。战争还是持续了
三十年之久。

在婚礼的钟声于亨利的结婚仪式上欢快地敲响仅仅几年之

后，一件使欧洲笼罩在恐怖之中又令人感到悲哀的事件发生了。

在 1572 年 8 月的一天凌晨，大约 4 点钟的时候，司法殿的巨大钟声唤醒了巴黎沉睡中的人们，天主教派的士兵开始向胡格诺派教徒发动攻击。当大屠杀的消息传至法国其他城市的时候，那里也发生了类似的攻击，许许多多新教徒因此遭到杀害。统计的死亡人数各不相同，一些政府声称，大约 1000 人在此次屠杀中丧生，其他一些政府则认为，这个数字达到了 10 万人。

这就是世人所称的圣巴托洛缪大屠杀，因为它发生在圣巴托洛缪节期间。

年轻的亨利亲王在国王的宫殿里被作为囚徒关押了将近四年。后来，他乘机逃脱，再次成为胡格诺教徒的领袖。

他非常渴望和平的重建，为此，他向统率天主教军队的吉斯公爵发出挑战信，说："我提议结束我们之间的恩怨。要么我同您单挑，要么我们两两对决，或者十十对决，或者任何您喜欢的数字都行，以便能停止流血和穷人的痛苦。"

法国国王亨利三世（生于 1551 年，1574-1589 年在位）是个软弱又愚蠢的人。因此，吉斯公爵下决心废黜他，然后自立为王。

亨利三世获悉此事后，立即派出一名刺客去暗杀吉斯公爵。当听到吉斯已死的消息后，这位国王就对他病重的母亲说："您感觉怎样？""好多了。"她答道。"我也感觉好多了，"国王说，"今天早上，我再次成了法国的国王。巴黎的国王（指吉斯公爵）已经死了。"

　　吉斯公爵的朋友立刻拿起武器来反抗亨利国王，索邦（巴黎的最高宗教权威）宣布，人民今后不必听命于国王。

　　接着，亨利三世就向他的表兄弟纳瓦拉的亨利求助。他们同意携起手来，并肩战斗，迎击那些已经起来反叛的人。为了缔造和平，许多天主教徒也加入了胡格诺教徒的阵营。

　　叛军在图尔城附近向亨利国王发起了进攻，但是纳瓦拉亲王疾驰过来援助他，叛军首领落荒而逃。

　　既然叛军无法通过战斗来征服法国国王，他们就下决心对他实施暗杀行动。为此，他们找到了一个贯彻实施他们密谋的人。一天早上，这个人通过禀报，说，他因重要事务需要面见国王，国王同意后，他就来到国王的面前。等到其他人都离开之后，刺客呈递给亨利一封信，正在国王阅读信件的时候，刺客便乘机从衣袖中拔出匕首，并将其用力地捅进了国王的身体内。

　　一位信使被赶忙派出向纳瓦拉的亨利通报此事。当他走进国王房内的时候，眼泪不禁喷涌而出，他小心翼翼地亲吻了垂死中的国王。

　　那时候，许多法国的贵族都闻讯赶来拜见他们垂死的统治者，亨利国王恳求他们承认纳瓦拉的亨利作为他的合法继承人，所有的在场者都同意了这一请求。因此，纳瓦拉亲王成了法国国王，并被冠以亨利四世的封号。

　　叛军对这一安排非常不满，因为王国的法律规定，除非是天主教徒，任何人都不能当选国王。他们要求亨利的舅舅、红衣主教波旁继任国王宝座，并冠以查理一世的封号。

在阿尔克城附近，一场重大的战役正在酝酿之中。当天夜晚，新晋国王的部队还挖了战壕，并将挖出的土方给处理了，以便在迎敌时能够获得某种优势地位。

第二天早上，人们将一个在晚间被俘获的叛军哨兵带到他的面前。当他们一起交谈的时候，那个人说："我们将会用3万步兵和1万骑兵向您发起进攻。您的军队都躲到哪儿去了？"

"哦，"国王说，"你没有见到他们的全部。你无法计算出慈善的上帝和正义的权力，但是他们永远都是站在我这一方的。"

一场血流遍野的战斗随之打响，国王大获全胜。此后不久，他还迎来了一支受英格兰的伊丽莎白女王派遣、由英格兰和苏格兰士兵组成的援军，他的部队人数因此达到了1万人之多。

一天，一只信鸽飞进了军营。它带来了一张放在羽毛管里的纸条。上面写着："快来，快来，快来。"

国王立刻意识到，巴黎现在迫切需要他，因为那座城市已经落入叛军手里。他因此赶紧驰往巴黎，想向他们施以援助之手。

国王显然还没有准备好夺取巴黎。不过，作为外围清除战，他攻击了许多其他的城市，大约有20座为他们打开了城门，并以君主的礼仪迎接了他。

接着，双方间就爆发了著名的伊夫里战役，在战斗中，大炮、军旗以及几乎叛军所有的物资供给都落入了国王的手里。在叛军方面，战死、受伤和被俘的人数超过1.1万人，然而，国王一方则仅仅牺牲了 500 人。

伊夫里战役之后不久，红衣主教波旁就死了。几乎与此同时，国王对仍然处在敌人手里的巴黎实施了包围。

在封锁所有通往巴黎的街道之前，他给这座城市的市长写了一封信：“我渴望和平。我热爱巴黎这座城市。她是我最为年长的女儿，我希

亨利四世在伊夫里

望能为她提供比她祈求得到的更多的好处。”不过，这一切都徒劳无功，于事无补，包围还要继续。

国王亨利的军队禁止任何人携带食物进入这座城市，城内的居民不久就开始遭受食物短缺的痛苦。面包停止了供应，人们不得不吃老鼠、猫、狗、马或者任何他们能够找得到的食物，以免被活活饿死。

国王亨利不仅允许妇女和儿童离开这座被包围的城市，甚至还准许供给物资被通过他的防线送进去以救济被包围在里面的人，正像他曾经说的那样：“我可不希望自己成为死亡之人的国王。”

但是，正当巴黎处在将要投降的边缘之际，西班牙菲利普二世军中最有才干的将军帕尔马公爵却率领着一支庞大的西班牙军队赶到了巴黎城外，并迫使亨利解除了包围。

当时，国王感受到，他可以给他的人民带来和平的唯一出路

就是与天主教派联合起来，因此他下定决心这么做。

1593 年 7 月 23 日早上 8 点，国王穿着白色的礼服，在一队护卫的陪伴下去了巴黎附近的圣丹尼斯教堂。在教堂门口，他遇到了迎接他的一位红衣主教，1 位大主教，9 位主教和许多牧师及僧侣。

"您是谁？"大主教见到他问道。

"我是国王。"亨利答道。

"您想要什么？"大主教接下来询问道。

针对这个问题，国王回答道："我希望能够获准加入天主教派。"接着，国王屈膝下跪，宣布了他的信念，大主教原谅他后，就正式接受了他的加入。

入教仪式过后，亨利又在沙特尔大教堂接受了抹油的宗教仪式，这样一来，他就被宣布成为整个王国的君主。

当时，亨利最迫切地想实现的愿望就是让他的人民富裕起来。他曾经说："我希望每个星期日，法国的每一位农民都可以在自己的锅里炖上只家禽吃。"

为了尽可能地避免所有的宗教战争再次爆发，他于 1595 年签署和出版了著名的《南特敕令》。

这道圣旨授予新教徒和天主教徒平等的权利。政府同意像对待天主教徒牧师一样支付他们的牧师薪水。新教徒儿童获准进入大学和学院接受教育，他们的病人可以进入医院接受治疗，这个国家的两大宗教派别被置于一个共同的基础之上。

　　国王亨利四世统治的后期是一段非常和平和繁荣的时期。无论是农民还是经商之人过得都非常快乐、幸福。曾经压在法国身上好多年的沉重债务被彻底清除了，赋税也降至比以前任何时候都要更低的一种比例。

亨利四世遇刺

　　在享受着这种日益增长的安全和舒适感的同时，突然之间，法国举国上下感受到了一种无法估量的震惊和痛苦。一位名叫拉瓦伊阿克的女士用凶器刺进了国王的心脏，这样，高贵和慷慨的纳瓦拉的亨利的生命就走到了尽头。

第十二章　华伦斯坦

1618 年，在德意志境内爆发了一场血腥而残忍的宗教战争，由于它持续到 1648 年才结束，因此又被称作"三十年战争"。这场战争是曾经在欧洲发生的最为可怕的战争之一。它由天主教派和新教派之间的冲突引起，就像我们在"纳瓦拉的亨利"一章中看到的发生在法国的情景一样。

许多天主教徒和新教徒彼此对抗，因为他们都希望捍卫自己的信仰，使他人皈依自己的教派。可是，很多王公贵族却凭借混乱的宗教局势来招兵买马，以扩充和壮大自己的实力。如此一来，宗教和政治就被紧密地联系起来，两大派别之间被以天主教联盟和福音派联盟的形式严格区别开来。就这样，通过那三十年，德意志的天主教徒和新教徒都不遗余力地进行了相互压制和诋毁。

当然了，这种重大的战争需要有杰出的领袖人物。天主教派一方最具才华的将领是阿尔布雷赫特·冯·华伦斯坦，他 1583 年出生于波希米亚。他的父母都是新教徒。当他还是个孩子的时候，他们就死了，他被一位天主教徒叔叔抚养长大。

这位长辈将他送至位于阿尔穆茨的耶稣派学院，并在那里接受了早期的教育。此后，他又在位于博洛尼亚和帕多瓦的大学里接受了高等教育。当华伦斯坦还在耶稣派学院学习的时候，他成了一名天主教徒，这一举动改变了他的一生。

华伦斯坦从他父亲那里继承了一个大庄园和巨额财富，还通过与一位上了年纪的寡妇结婚，让自己的财富几乎增加了一倍。他叔叔去世后，又把自己的财产留给了他。华伦斯坦因此而成为当时最为富有的人士之一。

他年迈的妻子在他们婚后不久就去世了，他随后娶了哈拉赫伯爵的女儿作为他的第二任妻子。通过这次婚姻，他的财富又一次大为增加。而通过他妻子的父亲，他在维也纳宫廷内获得了很大的影响力，还结交了好多朋友。

完成学业之后，他遍游意大利、西班牙、法国和荷兰。此外，他还一度在匈牙利皇帝鲁道夫的军队内当过兵，那时候，这位皇帝正在同土耳其人打仗。不过，作为士兵，他并未展示出任何可圈可点的能力。

运用自己的一部分财富，他从奥地利的皇帝那儿购买了位于波希米亚和摩拉维亚的一大片领地，所需费用超过700万弗罗林（当时的一种货币）。他将这片土地命名为弗里德兰，也就是和平之地的意思。

皇帝御赐他弗里德兰公爵的称号，他英明而井井有条地管理着自己的领地。在他的领地里，法庭完全贯彻正义的原则，所有

三十年战争开始

的人都能维护自己的合法权益，农民、矿工和制造商都得到了恰当的照顾。

在"三十年战争"爆发的时候，华伦斯坦招募了一个团的龙骑兵以资助皇帝的事业。他还管理着帝国的国库，以防止其中的钱财落入敌人之手。

华伦斯坦得以充分地进入人们视野的时候，他的野心也持续而稳定地膨胀起来了。他的所作所为，使他看起来特别能充分发挥自己的优势。

战争进行了一段时间以后，皇帝非常强烈地意识到他需要一支更精良的军队。接着，华伦斯坦拜见了他，说："吾皇陛下，您应该拥有一支您想拥有的军队。我本人愿意承担装备这支军队的费用。不过，我想冒昧地提个条件，我需要您赋予我权力，以便我的军队在帝国的任何地方打仗的时候，可以促使人们为他们提供战备物资。"皇帝答应了这一请求。

不久，华伦斯坦就使他自己作为一个伟大的

就地供应

统帅赢得了声誉。在德意志境内，有大量的人愿意为金钱和抢劫而战，也因此，他不久就招募了一支由超过 3 万士兵组成的武装力量。他自己也与他们一起亲临前线，指挥作战。

在最初的两年里，华伦斯坦和他的人可谓是所向披靡，战无不胜。但是，他们最后却遭遇了一次严重的挫败。他们用兵包围了一座名为斯特拉尔松的大型商业城市。这是波罗的海沿岸最为富有的港口之一。这里出口大量的粮食和其他农产品，悬挂有这座港口标识的旗帜在欧洲的每一个港口都可以见到。

华伦斯坦下定决心要夺取斯特拉尔松。他的士兵知道，如果他能成功，他们就可以通过劫掠获得大量的战利品以及不计其数的可以留作将来使用的战备物资。

华伦斯坦心中想的远不止这些。他还计划将斯特拉尔松的商船改变成战船，这样就可以得到一支使他能够在水陆两方面继续进行战争的舰队。以后，他就可以进攻德意志境内的其他诸如吕贝克、汉堡和不莱梅一样的重要港口了。

所有这些港口都拥有大量的商业船队。他计划通过夺取这些船队，组建一支世界上最为庞大的海军。他甚至梦想着夺取英格兰、瑞典、尼德兰等国的船只，这样他可以使自己成为说一不二的海上霸主了。

怀揣这些想法，华伦斯坦对斯特拉尔松这座重要港口实施了包围。他发誓要夺取它，"即使他发现这座城市通过金链连接着天国也在所不惜"。

但是，斯特拉尔松城内无论是物资供应还是防备措施都准备得极其充分，在连续十一个星期内，勇敢的市民击退了他的多次进攻。华伦斯坦的人开始遭受食物短缺的痛苦，最终这位伟大的统帅被迫放弃了包围。

现在，斯特拉尔松每年都会举办一次欢庆节日，用来纪念华伦斯坦和他饥饿的军队带着困惑和恼怒从它的城墙前撤退。

华伦斯坦已经赢得了非常多的胜利，一些同他并肩战斗的人开始嫉妒他。因此，一听说他在斯特拉尔松遭遇了这次重大的失败，他的敌人就说服皇帝剥夺了他对军队的指挥权。

他们使皇帝相信，他是一个非常危险的人物，率领着他的庞大且日益效忠他的军队，他打算统治整个德意志，向帝国内的每一位王公贵族耀武扬威。

皇帝立刻修书一封，命令他放弃自己的指挥权。虽然感到非常意外，华伦斯坦还是默默地接受了将自己免职的命令。他告别了他一手缔造的军队，回到他公爵领地的首府，开始安静地生活。

在华伦斯坦离开军队不久，皇帝就发现自己犯了一个错误。以前总是捷报频传，现在他收到的是接连败北的消息。他手下的第二猛将遭受了致命的伤害，他已经没有像华伦斯坦一样可以统率其军队的人选了。

在遭受了多次惨重的失败之后，皇帝派人去请华伦斯坦，恳求他再次接掌帅印。皇帝准许他自己选择军官，以他认为最好的方式进行战争。皇帝还向他承诺，将来，没有人能够干涉到他。

带着这些保证，华伦斯坦再次接受了皇帝的提议，不久就带领4万人的军队返回战场。

然而，此时，一位比华伦斯坦还要有才干的将军成了新教徒军队的统帅。这个人就是著名的瑞典国王古斯塔夫·阿道夫（详情见第十三章），他的骁勇善战早已在许多血腥的战场上展示出来。

两位统帅和他们的军队在萨克森一处叫作吕岑的地方相遇了，在那里，双方进行了一场可怕的战斗。

在此次战斗中，虽然古斯塔夫血洒疆场，命丧黄泉，但是他的军队打得非常顽强，并赢得了胜利。现在，作为"三十年战争"中最为伟大的胜利，吕岑之战经常为人们提及。

当华伦斯坦发现，新教徒军队在痛失其统帅的情况下已经赢得了战斗的时候，他变得非常忧虑，几乎不知道该何去何从。他看起来害怕再次遇到一支这样的军队。

毫无疑问，他看到战争已经完全没有必要再打下去了，希望皇帝能够同新教徒达成协议，进而缔造和平。

华伦斯坦的敌人在皇帝面前旧调重弹，说他打仗纯粹是为了自己，并决心使他自己成为整个国家的统治者。

看起来似乎很奇怪，皇帝再一次相信了他们。他甚至比上一次还要过分，直接称华伦斯坦是个叛徒，不仅使他当众蒙羞，还再次剥夺了他的统帅权。

带着1000余人的卫队，伴随着他的几个主要军官，华伦斯坦离开了军营，再次启程回家。他认为，所有这些伴随其左右的

华伦斯坦被暗杀

人都是他的忠实朋友。但是事实并非如此，他信任的人中有 4 个已经同意暗杀他了。他们在杀死了自己真正的朋友之后，便急匆匆地赶到华伦斯坦所在的房子，破门进入，闯进了他的房间，杀死了正要休息的华伦斯坦。据说，面对这种令人震惊的罪行，凶手却受到了皇帝慷慨的奖赏。

　　与其说华伦斯坦是世界上最伟大的英雄之一，倒不如说他是世界上最伟大的战士。他的所作所为对人类的进步来说，是种妨碍，而不是帮助，正因为如此，他的声望才会被打下大大的折扣。

第十三章　古斯塔夫·阿道夫

1594年，瑞典斯德哥尔摩的皇宫里诞下一个婴儿，他命中注定要对近代欧洲的历史产生巨大的影响。

这个孩子是瑞典国王查理九世（1604-1611年在位）的儿子，著名英雄古斯塔夫·瓦萨（即古斯塔夫一世，生于1496年，1523-1560年在位）的孙子。他的名字叫古斯塔夫·阿道夫。

到了开始上学的年纪，来给他上课的都是全国最好的老师。不久，他就学会了说拉丁语、希腊语、德语、荷兰语、法语和意大利语。但是，快到18岁的时候，他的父亲去世了，而他不得不中止自己的学业，继任为瑞典国王。

古斯塔夫在体育竞技，尤其是骑马、击剑和军事训练方面已经接受过良好的训练。他不仅肌肉健壮，而且聪慧过人。此后不久，他就证实了它

古斯塔夫·阿道夫

们的价值所在。

他父亲去世时，正值瑞典同丹麦处于交战状态。丹麦人夺取了瑞典两个最为重要的堡垒。古斯塔夫下定决心要将它们夺回来，并以极大的精力投入到战争中去。

他继承王位几个月后，丹麦人派出了一支由 36 艘战船组成的舰队攻击斯德哥尔摩，但是，古斯塔夫率领他的军队，日夜兼程，赶到他能够以有利地位进攻丹麦舰队的绝佳位置。同时，一场暴风雨阻止了丹麦人的登陆，他们不得不失望地返回。

当丹麦国王获悉领导此次急行军，与之对抗的并非一个乳臭未干的小儿的时候，便同意与瑞典签署和平协议，条件是瑞典可以收回一处她的堡垒，另一处则需花钱赎回。

从 1614 至 1617 年，古斯塔夫一直与俄罗斯交战，为的是索回其父亲几年前因出兵俄罗斯而产生的费用。

在那场战争中，他从俄罗斯手中夺取了卡累利阿和因格里亚两个省。它们被瑞典人控制达一百多年，成了俄罗斯和波罗的海间的一道巨大屏障。即使是如今圣彼得堡所在的地方，当时也落入了瑞典人的手里。在战争结束的时候，古斯塔夫宣布："现在，如果没有我们的同意，敌人休想将一艘小船驶入波罗的海。"

在古斯塔夫登上王位的时候，瑞典还与波兰处于交战状态。战争的起因是这样的：查理九世，也就是古斯塔夫的父亲并不是瑞典王位的真正继承人。按理说，它应该属于波兰国王西吉斯蒙德（即西吉斯蒙德三世，1587-1632 在位）。

　　西吉斯蒙德曾试图从查理手中夺回瑞典王位，却没有成功。现在他又想从古斯塔夫这儿将其夺走，但是古斯塔夫不仅大胜西吉斯蒙德，还迫使他放弃对王位的主张，并以极为有利于瑞典的方式签署了一份和平条约。

　　古斯塔夫诞生的前十年，一颗新星突然出现在欧洲北部的天空，人们认为天上的奇观与地球上的事件有着莫大的关系。

　　这颗新星迅速成为天空中最为耀眼的星星之一。即使是在白天，眼睛好的人也能看到它。但是，它不久就失去了夺目的光彩，大约一年半之后，它就彻底消失了。

　　当古斯塔夫·阿道夫用他对丹麦、俄罗斯和波兰的一系列辉煌胜利使欧洲无比震惊的时候，人们开始相信，那璀璨的明星便是对瑞典这位非凡的年轻国王的预示。

　　然而，人们也都认为他是一位冰雪国王，并宣称，不久他就会融化。最终，他们逐渐意识到他比之于过去斯堪的纳维亚的战神，也毫不逊色，他们发现他本人比他已经取得的辉煌业绩还要伟大许多。

　　当时，德意志帝国纷争不止，内耗严重。"三十年战争"进行得如火如荼。农田为前进的军队所践踏，城镇被包围和烧毁，无辜的人们被数以千计地杀死。两位了不起的将军华

蒂利在马格德堡

伦斯坦和蒂利使这个帝国充满了恐怖气氛。

1631 年，马格德堡市为蒂利夺占。它的 2400 人的守备队做了英勇的抵抗。可是，蒂利对他们的英勇行为不屑一顾。城市陷落在他手里之后，他就把这些勇敢的士兵给处死了。在接下来的两天里，还对这座城市实施了劫掠，并残忍地屠杀了超过 2 万名当地居民。

消息传出后，整个欧洲都为之震惊。古斯塔夫·阿道夫集结了一支 1.3 万人的军队，立刻侵入了萨克森。

在小城布赖滕费尔德的郊区，那里离莱比锡不远，古斯塔夫与残酷无情的蒂利相遇，并在战斗中将其击败。

萨克森的人民闻之欣喜若狂。他们兴高采烈地打开他们的城门，迎接令人畏惧的蒂利的征服者。数千人朝着古斯塔夫的军旗蜂拥而来，他的军队迅速扩充，数量是他离开瑞典时的 4 倍还要多。

率领着这支庞大且大部分士兵属于新招募的军队，古斯塔夫决心追赶已经撤退至巴伐利亚的德意志军队。

追赶上德意志军队以后，他立即将他的军队排列成战斗队形，开始展开攻击行动。在这场接着发生的令人绝望的战斗中，蒂利遭受了致命的伤害，当他被从战场上抬走的时候，就死去了。

正如我们在前面的章节中所读到的，恰恰是在这个时候，皇帝召回了华伦斯坦，再次将他置于德意志军队统帅的位置。

不久之后，古斯塔夫和华伦斯坦就发现他们在战场上遭遇了。两者在萨克森吕岑附近的战斗中狭路相逢，古斯塔夫之所以返回这个地方，是因为他军队中拥有大量的萨克森人。

早上，一场大雾笼罩了战场，战斗直到接近中午才打响。当天空一放亮，国王和他的军队就唱着路德的优美赞美诗《上帝是我们坚固的屏障》向德意志的阵营靠近。他们停止歌唱的时候，古斯塔夫在他的头顶挥舞着宝剑，大声喊道"以上帝的名义，前进！"，战斗就此拉开了帷幕。

但是，有一点表明古斯塔夫是非常不谨慎的。他当时是负伤在身，一穿上胸甲，这处伤就会令他疼痛难忍，因此他只穿一件普通的骑兵上衣就领着军队开始了军事行动。

下午早些时候，他的胳膊为一枚手枪子弹刺穿，这极有可能切断了其中的一根动脉。

他一度隐瞒了他的伤口，继续鼓励他的人战斗。但是由于失血过多，他变得晕晕乎乎，有气无力。最终，他对骑马在他附近的一位亲王说："兄弟，请带我远离这里的喧闹。我负伤了。"

在他们转身的时候，一枚滑膛枪子弹击中了国王的后背，他因此摔倒在地上，奄奄一息。

一些华伦斯坦的人骑马上前，询问他的名字。"我是瑞典国王，"他回答道，"我正在用我的鲜血来捍卫德意志民族的宗教和自由。"

当古斯塔夫的军队获悉他的死讯的时候，他们带着愤怒的气焰向敌人发起了猛烈的冲锋，华伦斯坦因此很快就败下阵来。虽然古斯塔夫在战场上死于非命，但是却赢得了这场战争的胜利。

古斯塔夫·阿道夫的遗体在运回瑞典的路上

突然间，北方天空中的那颗星星变得愈加耀眼夺目，不过，这种光芒在瞬间就终止了。冰雪国王也随之融化。

然而，一项伟大的工作已经完成。古斯塔夫和他勇敢的瑞典士兵用希望和勇气激励了半个欧洲。他所取得的辉煌战绩也对粉碎德意志的独裁统治起到了非常大的作用，这位伟人所取得的胜利与宗教自由在欧洲的传播有很大的关联。

战斗结束后，夜幕开始降临，英雄的遗体被抬进附近的一座小教堂，置于圣坛之前。那些仍然穿着盔甲的士兵是哭丧的主力，一位村里的校长为逝者做了祈祷。

第二天早上，他的遗体被进行了防腐处理，士兵们将其运回了斯德哥尔摩。然后，他就被安放在骑士岛教堂内，那里不仅埋葬着皇亲国戚，还埋葬着好多或伟大或著名的瑞典人。

第十四章　红衣主教黎塞留

当华伦斯坦作为一方，古斯塔夫·阿道尔夫作为另一方，在德意志如火如荼地大打着"三十年战争"的时候，一种类似的宗教战争正在法国进行着。路易十三（生于 1601 年，1610-1643 年在位）和他著名的首相黎塞留正在同法国的胡格诺教徒或新教徒打着仗。

虽然是路易坐享王位，但是，法国的真正统治者却是红衣主教黎塞留。这位红衣主教的全称是阿尔芒·德·黎塞留，黎塞留是他父亲庄园的名字，1585 年，阿尔芒就出生在那里。

黎塞留

他 22 岁的时候成为牧师，不久就升任主教。他的人民大都贫穷，黎塞留感到与继续当他们的主教相比，还有一个更加重要的事业等待着他去做。

　　他决心要让自己有所成就，使他成为这个王国内可以与任何其他贵族相媲美的人物。不过，要想实现这一目标，道路却只有一条，那就是成为一名政客。他的抱负就是成为人们的领袖。

　　在黎塞留生活的时代，法国存在着一个被称作国民议会的议会。它由代表着贵族、教士和平民的代表构成——整个国家划分成了这样三个大的阶级。

　　但是，国民议会并无实权。它不像我们（美国）的国会那样可以制定法律。它只能向国王请愿。代表们向国王陛下发表演说，告诉他王国中存在的任何麻烦，并恳求他采取措施，进行补救。

　　作为一名主教，黎塞留是国民议会的成员，虽然他只是其中最年轻的一位。他让自己当选为演说者，其职责就是代表教士发表演说。

路易十三与黎塞留

　　这为他提供了一次赢得路易十三的母亲——著名的玛丽·德·美第奇好感的绝好机会。她是摄政王，替路易管理这个国家，直到路易长大成人。这位年轻的演说者对她满是溢美之词，她自然而然也对他产生了好感。

　　在他于国民议会的会议上发表演说大约一年之后，黎塞留受到王太后的邀请，成了国务会议的成员。然而，他在那里只是待了很短的一段时间，因为国王和他的母后之间发生了争吵，黎塞留就从岗位上退了下来。

但是，路易的一个宠臣吕伊讷的死给他提供了重返巴黎的机会。他再一次在国王那儿谋了份差事，并成了路易手下最难得的人才。

当纳瓦拉的亨利向胡格诺教徒颁布著名的《南特敕令》的时候，法国人民普遍希望法国的宗教纷争能够永久性地终结。然而，非常不幸的是，实际上并非如此。1621年，一些胡格诺教徒在他们最为富有的城市拉罗歇尔举行了一次重要会议，并在那里提出了一份独立宣言。

法国国王在那里拥有几处要塞，作为其中之一，"圣路易斯"就控制着拉罗歇尔。

国王路易认为，他有权保留法国境内任何地方的要塞，但是胡格诺教徒坚称，圣路易斯应该被拆毁。国王并没有按照他们的要求做，他使要塞变得更加坚固了。

胡格诺教徒接着做了一件非常不明智的事情。1622年，他们不仅发动了一场全面的反抗，还向国王的一些战船发动攻击并夺取了它们。然而，黎塞留却设法镇压了这次反抗。

两年后，英格兰向法国宣战，胡格诺教徒再一次反抗起来。黎塞留决定摧毁他们的势力。

因此，他率领着一支2.5万人的军队向拉罗歇尔进军，并将其包围起来。这座城市防备森严。在陆地的边缘是大片沼泽地，军队在这里既无法行军，又无法拖拽他们的攻城加农炮。虽然从海上可以发动进攻，但是国王当时却没有海军可用。

防止食物被从沼泽地里带进城里很容易，不过防止食物走水路运送的唯一途径就是封锁港口。为了这样做，一个巨大的、有一英里长的石堤，它横穿通往这座城市的海峡，被建造起来。

黎塞留支付给他的人双倍的工资，通过这种方法，使得他在冬天成功地完成了这项工作。就这样，港口实际上被封锁了起来。食物不久就开始短缺，拉罗歇尔城内的居民开始忍受因此而导致的痛苦。

虽然如此，却没有人想到缴械投降。妇女表现出同男人一样坚强的抵抗意志。好几个月过去了，包围仍在进行之中。忍受饥饿的市民每天都希望能够看到英格兰舰队过来援助。正所谓，盼星星盼月亮，在这样的期待中，一支英格兰舰队还真的来了。

不过，当英格兰舰队的指挥官了解到黎塞留建造的那条巨大的石堤的时候，他非常害怕靠近它，唯恐一靠近，他的战船就会

黎塞留在拉罗歇尔的堤坝上

被撞沉水底。他因此在未开炮的情况下就率领舰队离开了。

在夏季行将结束之际，被包围的人不得不靠吃马肉、狗肉和猫肉来充饥。据说，他们会煮这些动物的皮，甚至还会煮旧皮革，使得它们能够被当作食物来吃。

9月，虽然又有一支英格兰舰队试图进入港口，但是在那个时候，黎塞留已经装备了许多艘大型战船，为此，英格兰舰队遇到了坚决的抵抗。一场暴风骤雨破坏了他们的好多战船，受到严重削弱的舰队被迫返回了英格兰。到这个时候，城内的人口有一半已经死亡，在剩余的人口中，几乎没有人有力气履行军事职责。

最终，在被包围达十五个月之后，拉罗歇尔这座城市选择了投降，国王携胜利之师进入城内。所有的防御工事都被破坏殆尽，胡格诺贵族的势力被永远地终结了。

黎塞留强迫贵族们承认路易才是法国的主宰者。然而，他们中的很多人都对失去权力感到无比愤怒，虽然密谋加害黎塞留的计划制订了好几次，但是他总能成功地找出他们，并对牵涉其中的那些人给予严惩，许多密谋者因此而被处死。就这样，黎塞留的权力不仅未被削弱，反而在实际上增加了。

应该说，虽然黎塞留捣毁了胡格诺教徒的要塞，但是在对待他们的宗教信仰方面，他所采取的举措还是比较公平的，他们可以根据自己的良心崇拜上帝。因为他很睿智，知道人们不能靠强迫的方式来崇拜他们不喜欢的事物。

与此同时，黎塞留希望法国国王变得强大，他还希望他的邻居，德意志的皇帝，变得软弱。因此，就在消除了新教贵族势力的同一年，他还为德意志的新教王公们提供了帮助，原因在于，这些人同其皇帝间展开的斗争和胡格诺教徒同国王路易之间的斗争别无二致。

他不仅说服伟大的古斯塔夫·阿道夫率领他的瑞典军队来反对德意志皇帝，而且还为其军队提供巨额的资金援助。就这样，古斯塔夫·阿道夫所取得的一系列辉煌胜利既对德意志新教徒来说非常有价值，又是在某种程度上得到了黎塞留和法国国王的大力资助。

黎塞留看到，如果德意志皇帝制服了新教王公们，使其成为整个国家的领袖，正如黎塞留帮助路易所做到的那样，德意志将会变成一个比法国还要强大的国家。到那时，德意志就可能会夺取法国的领土。黎塞留在法国打击新教教徒，就是为了使法国团结和强大起来，他支付德意志的新教徒军队工资并供养他们，则是为了使德意志分裂和衰弱。

正当黎塞留做法国首相的时候，英格兰人和荷兰人正在美洲进行殖民活动，渔业和从新世界带回来的毛皮贸易也变得非常活跃和有利可图。

黎塞留渴望法国能够在殖民和商业两个领域与英格兰平起平坐。他因此对"新法兰西"（人们常常这样称呼加拿大）公司颁发了许可证。他授予这家公司在美洲独家收集毛皮的权利以及独家在法国销售它们的权利。作为回报，他要求这家公司在十五年内，向加拿大运送至少 4000 名殖民者。

为了保护贸易船只不受在海上成群结队出现的海盗的侵扰，保护法国的海岸线以及她的殖民地，黎塞留感到，法国急需一支海军。他一手创建了法国海军。值得注意的是，路易十三登临王位的时候，这个国家连一艘战船都没有。在他死了的时候，法国海军已经拥有了 20 艘军舰和 80 艘小型战船。

黎塞留去世之前的很长一段时间，他就已经成功地完成了他的人生目标。他不仅使法国国王成了一个专制的君主，还使他自己像国王一样专制。

虽然华伦斯坦早已渴望在德意志完成同样的事情，但他痛苦地失败了。虽然查理一世（生于 1600 年，1625-1649 年在位）也试图使他在英格兰获得专制的权力，但是英格兰人民却反对他这样做。

黎塞留死后许多年，沙皇彼得大帝（详情见第二十一章）访问了巴黎。他站在黎塞留壮观的大理石纪念碑之前的时候，感叹道："您这位伟人啊！我愿意给您我一半的国土，来换取向您学习如何治理我的另一半国土。"

第十五章　伽利略

　　1583 年的某个时候，在意大利的古城比萨，工匠们对大教堂的修缮正在进行之中。一个偶然的机会，一位工匠让高悬在建筑物内的一盏大灯摇摆了起来。此后，人们纷纷进入教堂，跪下身来，做了几分钟的祈祷，接着在丝毫没有注意到那盏灯仍然在不停地来回摇摆的情况下离开了。

　　一个约 18 岁的青年走进了教堂，他注意到了那盏不停摆动的灯，还注意到那盏灯每摆一下所用的时间是完全一致的。

　　他用自己的右手紧扣着他的左手腕。通过这种方式，他了解到，脉搏跳动的间隔时间在实际上是相同的。因此，他一边感受着他的脉搏，一边观察着那盏摆动的灯，试图通过一个将另一个给测量出来。

　　那个观察摆动的灯的年轻人就是伽利略，他发现它的运动在持续时间上是相等的。

　　在他之前，尚未有钟摆出现在时钟里，也没有人考虑制造出一个摆钟。但是，在伽利略公布了他的伟大发现，即灯盏在相等时间内的摆动次数是一样的之后，一位名叫惠更斯（1629-1695年，荷兰人）的人便研制出了摆钟。

人们发现，大约一码那么长的钟摆在一秒钟会摆动一次，因此最初带钟摆的时钟是以秒来计算时间的。

从伽利略观测到摆动的灯盏，并将其观察结果公之于众之后，可以说，我们所有的时钟都是基于这一发现才被发明出来的。

虽然伽利略的父亲希望他的儿子成为一名内科医生，但是这个年轻人却喜欢研究数学，他的父亲也准许他发挥自己的天赋。

伽利略大学毕业不久，即他还不满25岁的时候，就成了一名物理学教授。他负责教授他的学生泵和机械方面的知识，以及为什么烟雾会在空气中上升，为什么鸟类的翅膀可以使它们飞翔，为什么鱼鳍可以使鱼类在水中游动。

在当时的欧洲，人们对这类问题普遍知之甚少。而且，当时还没有蒸汽机，没有在铁路上运行的火车，也没有在大海上航行的蒸汽船。

此外，人们对诸如飘落的石头和羽毛，成块的铁和铅等这类简单的事情几乎都是一无所知。即使是那些博学之人也认为，两磅重的铅在下落时会比一磅重的快上两倍，如果是100磅重的，就会快上100倍，等等。

一天，伽利略邀请他的一些朋友去和他一起爬比萨斜塔。这座塔是欧洲著名的建筑之一。这座塔的奇特之处在于，它不像普通的塔或者尖顶的教堂那样直立着，而是像一些树那样向一侧倾斜着。

　　伽利略的一些朋友待在塔脚旁边，一些则爬到了塔顶。不同重量的物品被一起带了上去，然后又被从塔顶上抛了下来，一块一磅重的铁块到达地面所用的时间同一块十磅重的铁块所用时间是一样的。

　　伽利略还在比萨城做教授的时候，观测天象的欧洲人发现天空中出现了一颗新星。

　　"您见过那颗新星吗？对此您会怎么看？"这类问题是每一个人见面都会问到的。虽然一些人认为，它只是颗流星，但是伽利略却说："不是的！它一定是颗恒星，因为如果是颗流星，它必然会移动，而那颗星星看起来却是静止不动的。"为此，他做了 3 次演讲予以说明，有好几百人前去聆听。

　　伽利略像其他人一样，只能通过肉眼来观看这颗星星。他试图设计一种可以同时清晰地看到这颗星星和其他星星的东西。他见到过眼镜，他的祖父就有一副。他曾在哪里读过，如果两块眼镜片叠放在一起，通过它们来观测的事物会显得更近和更大。

　　一位聪明的荷兰人将一块镜片安放在一根管子的一端，另一块同样的镜片放在管子的另一端，他

伽利略和他的望远镜

因此制作出第一副望远镜。

伽利略听说过此事。于是，他买来一根铅管，在管子的两端各装上一块玻璃。虽然他的望远镜才仅仅放大了 3 倍多，但是它使事物看起来更近也更大起来。

为此，他像一个孩子对待一件新玩具一样感到高兴。富有而高贵的威尼斯人惊奇地通过这副望远镜来观测物体。只有当你通过一副显微镜来看针头的时候，才会惊奇地发现它有多么钝。

接着，伽利略使用了更加强大的透镜。他的第二副望远镜将物体放大了 8 倍。他又制作了第三副，这样一来，物体就可以被放大到 30 倍。

通过观测月球，他看见了人们之前从未见到过的景象。在月球上有山川。他看到了它们明亮的峰顶以及这些峰顶投射下来的影子。

后来，他又用望远镜来观测金星。这颗星星看起来不再同其他星星一样，有时候它看起来就像满月一样圆，有时又像下弦月和新月一样有角。

通过肉眼，伽利略在昴星团那里只能数到 6 颗星星。要知道，人们很久以前就已经看到过 7 颗，大家因此相信其中有一颗已经消失了。在一个月光皎洁的晚上，伽利略通过望远镜观测到了 40 颗星星。他用望远镜来观测银河，发现它散发的白光实际上是几百万颗看起来像微尘一样细小的星星散发的弱光。

接着，他研制了第四副更大的望远镜，并将视线转向那些人

伽利略通过望远镜展示天体

类已知的最远的行星。像金星一样，木星看起来也不仅仅只是一颗星星，它像满月时的月球一样圆。

可是，另一个更加伟大的奇观出现了。在接近木星外沿的地方有 3 颗极小的星星。其中，有两颗在这颗行星的东侧，还有一颗在其西侧。它们就是木星的卫星。

在另一个夜晚，伽利略观测发现，原来的 3 颗星已经变成了 4 颗。我们现在已知的是，那儿有 7 颗星星。

他将自己的发现告诉了那所学校里的其他教授，这一消息很快就传播开了。这些新发现的卫星被称作行星，就像我们自己的月球一样，因此伽利略发现的行星数量似乎应该是 11 颗而不是 7 颗。

有一位教授对此非常生气，并表示他根本就不想通过望远镜观测它们。另一个人说："人的头上只有七窍——一双眼睛，一对耳朵，两个鼻孔和一张嘴，怎么会存在多于 7 颗的行星呢？"

伽利略有一位老朋友，名叫开普勒（1571-1630 年，德国人），是当时活着的最为伟大的天文学家。伽利略写信告诉他道："啊，我亲爱的朋友，我是多么希望能够有人一起开怀大笑一场呀。您为什么不在这儿呢？面对他们的愚蠢透顶，我们该怎样笑才能表达得了呢！"

大约六十年前，哥白尼（1473-1543 年，波兰人）就已经印制了一本书，他在书中提出，地球不像人们认为的那样静止不动，而是一刻不停地围绕太阳运转的。

起初，伽利略对此还不大相信，在他所写的一封信中还说它是"荒诞不经"。后来，他发现那极有可能是真实的，当他通过自制的望远镜观测那些行星的时候，他对此就变得确信不疑了。

　　在人们说哥白尼的体系与圣经中的教义完全相反的时候，伽利略试图解释圣经中被引用的段落的合理性问题。接着，他就被指责教授学生对宗教有害的内容，并因此被传唤至罗马。对他的审判发生在1616年，他被迫承诺放弃自己关于哥白尼体系的想法。

　　可是，他的敌人并未因此住手，仍然对他进行穷追猛打，1633年，伽利略再次被指控为异端和违背他于1616年做出的承诺。指控的主要内容就是伽利略否认上帝，至于说他违背了1616年做出的承诺，伽利略坦承，他为自己赞成哥白尼体系的论据感到骄傲，在他的一本书中，他还力图提供一个更加强有力的对此进行支撑的实例。然而，他否认曾经明确地教授过哥白尼体系。不幸的是，伽利略并没有在否认他所教的内容方面实话实说，他因此被判了个无限期监禁。

弥尔顿拜访身在佛罗伦萨的伽利略

　　监禁并不严厉，虽然伽利略对此进行了抱怨。他还可以同一位老友兼弟子待在一起。但是六个月后，他就被允许从佛罗伦萨返回了家里。

　　虽然他的朋友们被允许拜访他，但是他本人却无法迈出大门去拜访他们。这对他来说是很悲哀的事情，不过更悲哀的还在于他丧失了视力，因为他的双眼已经比所有几百万双从世界开始以来就开始观察星星的眼睛洞察了天空中更加壮丽的景象。

　　他于 1642 年去世，遗体被埋葬在了圣十字教堂内。

第十六章　奥利弗·克伦威尔

奥利弗·克伦威尔出生于英格兰的亨廷登，比伊丽莎白去世和詹姆斯一世继承王位要早上四年。

虽然他的父亲只是一位在自己的土地上耕耘的乡绅，但是，他生活优裕，也能很好地照顾自己的家庭。

年轻时的奥利弗给人留下的印象是既刚愎自用又脾气火爆。当然，他不是只有一个坏脾气，他还非常善于掌控局势。此外，他还有很强的搞笑能力，并通过各种恶作剧的形式将这种能力表现出来。

据说，在少年时代，他就梦想着自己成为英格兰最伟大的人物。有则故事讲道：一次在学校的时候，他在一出剧中扮演国王的角色，不是让别人为其加冕，而是他亲自将王冠戴到了自己的头上。

读大学的时候，他在拉丁语和历史方面，尤其是在对希腊和罗马的著名人物生平的研究方面表现得特别突出。

然而，促使他更加出名的则是其在足球和其他对抗性游戏方面的技能而非对书籍的研究上。

他的学校教育由托马斯·比尔德负责，此人是个清教徒牧师，住在他所生活的小镇上，似乎从他的少年时代，这位牧师就开始对他加以关注了。

克伦威尔从他的母亲，也就是外界所描述的"拥有罕见的活力和了不起的决策意图的女人"那里遗传了非同寻常的坚强个性。

在 18 岁的时候，由于父亲的去世，他结束了大学生活，回家料理家务。

在 21 岁的时候，他与伊丽莎白·鲍彻结婚，后者是一位伦敦商人的女儿。事实证明，她是位非常优秀的妻子。

他在亨廷登享有的声望通过以下事实体现出来：在起草了《权利请愿书》的大议会内，他是成员之一，是他家乡的代表。

1629 年 2 月 11 日，他在下议院（他将来的许多工作都要在此完成）第一次发表了演讲，当时，他刚刚 30 岁。

一位听了他第一次演讲的绅士这样对此做了描述："一天早上，我走进了下议院，去聆听一位我不认识的绅士的演讲。他的衣着非常普通，明显出自乡下裁缝之手，他的亚麻布也不甚整洁，他的帽子上没有帽带，他的声音听起来虽然尖利，却充满了激情。他代表一个遭受监禁的佣人发言，这个佣人因为女王沉迷于舞蹈而说了反对她这样做的不当言论。"

国王查理继承王位之后，就解散了大议会，他决定在没有大议会的情况下来管理国家事务。因此，在十一年的时间里，他没

克伦威尔

有再召集过其他议会。

在这段长时间的间隔期内，克伦威尔一直赋闲在家，过起了农耕生活。

最终，因为资金的缺乏，查理一世被迫于1640年召集了一次议会。

在这次议会上，克伦威尔代表剑桥出席，他在下议院的事务中发挥了非常积极的作用。

不久，国王和议会之间就因谁拥有征税的权力而产生了分歧。双方都对这项权力提出了主张，任何一方都不愿意做出让步。

接着，议会就通过了被称作《大抗议书》的决议，抗议书表达了人们对在查理的统治下所遭受不公正待遇的抱怨。

当天离开下议院的时候，克伦威尔对一位同他一起走路的朋友说："如果《大抗议书》遭到拒绝，我就会离开英格兰，再也不会踏上她的海岸半步。"

国王对此非常生气，他下令要逮捕在通过《大抗议书》中起领导带头作用的五位议会成员。不过，下议院没有允许他将逮捕行为付诸实施。

第二天，国王查理亲自率领400名士兵，要求那些人向他投降。但是议会成员并没有屈服，国王只得悻悻而归。

顷刻间，议会与国王间将会爆发战争成了众所周知的事情，整个英格兰都充满了骚动与恐慌。

克伦威尔对此的感受从他当时所写的一封信中的几句话就可

看出端倪。他说："国王已经变成了铁石心肠。他不会倾听人们的争辩。宝剑必须被拔出鞘。我感到我自己被敦促着来从事这项工作。"

整个国家很快就分成了两个派别。国王的朋友被称作"保皇党"。支持议会的一方被称作"圆颅党"。克伦威尔的叔叔和堂弟是国王查理的拥趸，他们立刻就加入了国王的军队。

克伦威尔招募起两支由志愿者组成的连队。他靠严明的纪律来使自己显得与众不同，虽然在战争将要爆发的时候，他在军事事务方面的经验乏善可陈。

当时，他已经43岁了。不久，他就成了一位著名的领袖和战士。作为战士的成功给了他在国家事务中极高的地位。

议会的支持者一方获得了海军的支持，他们拥有的经费比国王查理还要多。但是查理拥有一支精良的骑兵，许多英格兰的富人都捐钱给他以便使战争能够进行下去。

在战争开始的时候，查理的军队占有优势。克伦威尔看到，议会的武装不久就会被打败，除非他能够得到对他们为之奋斗的事业感兴趣的士兵，他立即着手将这些人招致麾下。

在克伦威尔麾下效力的士兵中有大量新教徒，他们对英格兰教会中的许多形式和仪式表示反对。他们中有好多人对清醒和公正的生活格外重视。在营地的时候，他们会读圣经和唱圣歌。在投入战斗的时候，他们常常引用圣经中的字句和唱诵圣歌。

第一次战役在艾吉山打响。交战中令任何一方都遭受了巨大

损失的战役则发生在马斯顿荒原，在战场上，国王的军队留下了
4万具尸体。

在此次战役中，克伦威尔领导下的士兵获得了真正的胜利。
从那时起，他的地位快速上升，直到他成了军队的最高统帅。当
时盛传他参与的每一次战役都会获胜。

奥利弗在军队中获得了"铁甲统帅"的称号，此后不久，他
的队伍又获得了相同的称号——"铁甲军"，因为保皇党军队发
现他们不可能突破克伦威尔的防线。

但是，却不能就此认为克伦威尔是一个缺乏温情的人。就在
马斯顿荒原战役前不久，他的大儿子就遇害了。克伦威尔因之无
比痛心，有人听见他对此说道："这于我而言，犹如匕首穿心。
事实上就是这样。"

虽然已经打了60多场其他战役，但是1645年发生在内斯比
的那场伟大战役才成了压死骆驼的最后一根稻草，最终摧毁了国
王的事业。

然而，查理非但不承认自己的战败和同意满足人民的要求，
反而逃到苏格兰，试图引诱苏格兰人为他提供援助。

这种行为既招致了克伦威尔对国王的反对，又使他相信，只
有通过查理的死才有可能确保英格兰人民的自由。

1647年6月，国王为克伦威尔的一名士兵抓获，并在军队中
给监禁了起来。下议院对于此次行动感到愤恨，他们决定与国王
进行谈判。于是，军队里的将官们派上校普赖德带领一队士兵去

克伦威尔解散长期议会

"清除"下议院中赞成同国王进行谈判的议员。

剩下的议员在此后不久就通过了一项决议，国王应该被绳之以法，并投票成立了一家特别的最高法院。国王抗议说，这家法院是非法的，并拒绝做出任何抗辩。诚然如此，国王还是受到了这家法院的审判，于1649年1月20日被砍头。

1653年，克伦威尔决定解散议会。一队士兵将议员驱逐了出去，克伦威尔自己把持了话语权，成了个说一不二之人。

奥利弗·克伦威尔当时成了英格兰最有权势的人物，他仍然指挥着的军队愿意使他成为国王。

他的一个女儿向他发出了非常迫切的恳求，致使他拒绝接受王冠或者接受国王的封号。

英格兰被宣布不再是一个君主政体而是一个共和国，在这种新形式下的政府，奥利弗·克伦威尔成了统治者，并被冠以护国公的封号。

1658年夏天，他患上了寒热病。当年9月3日，他不治身亡。

奥利弗·克伦威尔也有严重缺点，并非完人一个，他一点儿也不是个容易相处的人。他犯过许多错误，其中一些还很严重，但是他却向世人证明了他与他所从事的事业相得益彰。

第十七章　路易十四

黎塞留于 1642 年去世，法国国王路易十三听从了他这位能干的宰相的建议，任命红衣主教马萨林接替了黎塞留的位置。

然而，路易十三在黎塞留过世后仅六个月也去世了。他死于 1643 年，接着，他的儿子路易十四继承了王位。

路易十四可谓是法国历史上在位时间最长、政绩最为杰出的君主了，法国人民一直称他为"太阳王"。

他出生于 1638 年，5 岁时继位。在他 13 岁之前，由他的母亲作为摄政者代其管理国家，但是马萨林仍然在位，并且很快就成了法国事实上的统治者。

马萨林是一位非常了不起的政治家，他决心以自己的方式来治理这个国家。因为他做的许多事情都耗资甚巨，所以他令法国人民背上了沉重的税务包袱，从而导致他们格外地讨厌他。

日积月累，他们的不满最终演变成为一场以福隆德运动而著称的暴乱，福隆德运动就是投石党运动的意思。这一名称是用来嘲弄那些参加暴乱的人，他们主要由农民构成，穷得叮当作响，根本买不起正儿八经的武器。他们被比作巴黎打起架来毫无章法的少年，这些人有时候会用投石器参与战斗，投石党的名字也因此得以传播开来。

这次运动持续了四年，在其接近尾声时，马萨林被解除了职权。但是，他不久又被重新任用，其权力甚至比之前还要显赫。

作为一个少年，较之于学习，路易十四更喜欢军事训练。他对击剑和擂鼓表现出了极大的兴趣。那些法国贵族家庭的少年都成了这位新国王的玩伴，他把他们编成一个连队，每天都会花一些时间对他们加以训练。

他于 1651 年，即 13 岁的时候，开始亲政，但是马萨林却保留着宰相的职位。

路易亲政后最开始做的几件事之一就是与蒂雷纳将军一起赴法国南部进行军事探险。他非常喜欢军旅生活，回到巴黎后即开始热衷于研究军事策略。

"蒂雷纳将军，"年轻的国王说，"如果我与他人开战，必须由你来领导我的军队。"

"陛下，我衷心地感谢您能想到我，"这位著名的将军说，"我将会非常高兴率领您的军队参加您可能参与的战争。"

"好啊，将军，"路易说，"我敢肯定，我将会参与很多次战争，你必须准备好来助我一臂之力。"

数年后，路易的话实现了。他进行了好多场战争，在其中的一些战争中，蒂雷纳赢得了声誉，成了他那个时代最优秀的统帅

路易十四在凡尔赛接见蒂雷纳

之一。

　　路易看到，马萨林在管理国家事务方面非常有手段，因此就允许他按照他设想的最佳方案来实行。与此同时，国王陛下自己则纵情于人生的享受之中。

　　但是，1661 年，在路易 23 岁的时候，马萨林死了。马萨林死后，政府官员都在王宫里集合，所有的人都渴望知道他们中谁会成为新任宰相。

　　"我们将来要向谁汇报王国的事务？"其中的一位问道。

　　"向我，"国王回答，"从今以后，我就是我自己的宰相。"

　　在以这样的方式将权力揽入手中之后，路易十四对这个国家进行了五十余年的统治。他找来最优秀的人才来管理政府的各个部门，他的一个官员，著名的科尔伯特，为王国管理财务，他管理得如此卓有成效，以至于他的名字一直在历史上熠熠生辉。他采取轻徭薄赋的政策，以减少人民身上的负担。与此同时，他还促进了王国内工业的发展，通过这种方式，国家的税收得到了显著增加。

路易改善了法国人民的生活条件，他鼓励制造商从事生产，他甚至用政府垫资的形式创办了一些工厂。在其当政期间，法国因其毛织品、地毯、丝绸和挂毯而闻名于世。

路易还创办了大、中、小学等各类学校，改善了国家的路况，开挖了一条连接地中海和比斯开湾的大运河，不遗余力地来提升王国的福利。

在离巴黎几英里开外的凡尔赛，他修建了法国最为庞大和雄伟的宫殿。他用绘画和雕像来装饰它，用精心营造的花园环绕它。他在那里过着奢侈排场的生活，将一大批才华横溢的男人和风姿绰约的女人笼络在他的周围。

卢浮宫、特里亚农宫、杜伊勒里宫以及其他一些使巴黎至今都声名远扬的最为壮观的建筑物，也是在其统治期内建成的。

1685 年，路易废除了纳瓦拉的亨利统治期间所颁布的赋予法国人民信教自由的著名的《南特敕令》。

这项敕令取消后，直接导致 30 多万名新教徒离开法国。他们随身携带着他们的工具、手艺迁移至其他国家。其中，有 4 万余人定居英格兰，因为他们在那里受到了热烈欢迎。

在晚年，路易仍然像年轻时那样热衷于战争，在将近十五年的时间里，他一直与不同的欧洲国家交战。

他的军队非常庞大，纪律严明。他还拥有一支海军，这使得法国在海上也具有强大的实力。他曾骄傲地说："我可以同时在海上或者陆地上与全世界进行战斗。"

他分别同西班牙、荷兰、英格兰、德意志以及其他国家开战，并取得了一系列辉煌的胜利。

这些成功使法国人民无比兴奋，他们几乎都非常崇拜他们的"太阳王"。路易十四几乎成了欧洲人的噩梦，正如大约一百年后的拿破仑一样，然而王国的衰落也开始了。

在那些协助挫败路易十四军事辉煌的人里面，就有萨伏依的欧根亲王。

欧根亲王于1663年出生于巴黎。刚到当兵年龄，他就请求路易国王安排他在法国军队中做一名军官。

但是，路易与欧根母亲的关系不好，因此，这位年轻王子的要求也理所当然地被拒绝了。欧根带着对此事的愤愤不平，离开了法国，他下定决心要在其他地方当兵入伍。

在土耳其人包围维也纳的时候，他已经20岁了。在帮助将土耳其人击退的士兵里，就有欧根。他的英勇善战使他得以脱颖而出，他不断地获得晋升：21岁时成了一名上校，22岁时成了一名少将，24岁时就成了一名中将。

在参与了反抗土耳其人的大量战役之后，欧根亲王率领着一支奥地利军队被派往意大利北部，在那里，路易十四正对萨伏依省虎视眈眈。

也正是在那里，欧根获得了他一生中最为得意的成就。

在路易拒绝任命他在法国军队中作为一名军官的时候，他曾经说过，今后除了作为征服者，不会再次踏入法国领土半步。在意大利打了几场胜仗之后，他就率军进入法国境内，并夺取了几座城池，随后即满载着大量的掳掠之物返回了意大利，很好地践行了他的誓言。

不过，欧根和他的联军在同路易的此次战争中获得的最为重要的战果却是攻克了防守甚严的堡垒卡萨尔。这座城池位于法国和意大利边境附近，控制着两国间最为便捷和人员来往最为频繁的交通关口。

夺取了这座城池之后，欧根就使它成了接受投降的条件之一，即这座城镇的防御工事应该被捣毁，并且永远不得重建。

然而，这依然无法阻止路易十四做出夺取意大利北部的其他尝试，欧根亲王随后参与了其他两场旷日持久的成功防御战。

路易继续着与意大利、巴伐利亚和荷兰的战争，使整个欧洲都处于混乱和动荡之中。

接着，于1704年发生了布莱尼姆大战。

路易让自己变得非常可憎和令人畏惧，这直接促使了欧洲国家的联合，一个反对他的欧洲联盟因此得以形成。

在布莱尼姆战役中，英格兰的马尔伯勒公爵领导英格兰军队

布莱尼姆战役

与欧根亲王领导的奥地利军队结成了联军。

在这种情形下，路易十四的战败成了法国人有史以来所遭受的最具灾难性的困难之一，同时它还鼓舞了那些正在捍卫欧洲自由的人们。路易在巴伐利亚和荷兰的势力遭到了极大的打击，他的军队从此不可能再像以往一样到处耀武扬威了。

然而，路易并没有立刻选择缴械投降，战争随后又持续了大约十年之久。不过，对于法国一方而言，进一步的胜利却成了奢侈品。

1713 年，《乌特勒支和平协议》的签署，标志着双方间战事的终结。法国被迫将阿卡迪亚（位于北美东南沿海一带）、哈德逊湾一带的领土和纽芬兰割让给英国人。奥地利也因此获得了一些曾经为法国控制的领土的所有权。

一年之后，即在 1714 年，交战双方签署了《拉斯塔特条约》，其中规定，所有参与到战争中的国家都有权拥有战前属于他们的领土。

　　法国的辉煌和她"伟大的君主"从此分道扬镳了。和平条约公布两年有余之后，他就与世长辞了。

　　他 1715 年 9 月 1 日去世，享年 77 岁，不过却当了七十二年的国君。

第十八章　艾萨克·牛顿爵士

．

1642 年，英格兰爆发了国王查理一世同议会之间的著名内战。同样是在这一年，一个非常了不起的人诞生了，他就是艾萨克·牛顿。

刚出生的时候，他显得非常虚弱，连家人中都没有人期待他能够活下来。如果他是一个斯巴达婴儿，根据斯巴达的法律，他肯定会被弄死。但是，通过他母亲格外悉心的照顾，他竟然活了下来。而且，长成小伙子后，他拥有非凡的力气和忍耐力。

他出生于林肯郡的伍尔斯索普，刚好是伽利略死后的一年，据说，两者都具有一颗智慧超常的大脑。

在刚入学校学习的时候，他看起来并不是很聪明，之所以如此，是因为他没有真正竭尽全力地去做。

一天，一个学习成绩在他之上的男孩儿狠狠地打了他一下，这被证实

艾萨克·牛顿

是发生在小牛顿身上最具有教育意义的事情之一。因为他感觉到自己在拳头上不是其他小伙伴的对手，就决定要在学习成绩上将对方比下去。不久，他就做到了这一点，接着他的成绩越来越好，直到超过了学校里所有的男生。

他花费了大部分的玩耍时间来制作机械玩具。他观察到工匠在学校附近安装一架风车的过程后，就自制了一个实用模型，并将模型安装在他居住房屋的顶上。

他建造了一座时钟，这座时钟是靠水流冲击一个小型水轮驱动的。他还造了一个车厢，并给它安上了若干根控制杆，如此一来，他就可以坐在里面，从一个地方跑到另一个地方。也许，这就是有史以来人类建造的第一辆脚踏车吧。

在牛顿生活的时代，汽灯和电灯都是闻所未闻的。由于冬天很短，他通常情况下不得不天不亮就去上学。因此，他为自己制作了一盏纸灯，通过它，为自己早上走路提供照明。很快，其他男孩儿就竞相模仿。

在他父母居所的院子里，他靠固定的大头针在墙上跟踪太阳的移动轨迹。在当时，时钟非常昂贵，而获得"牛顿的表盘"这一称号的发明就成了乡下四邻的计时器。

他14岁的时候，继父就死了，他母亲认为，如果艾萨克可以在自家的农场工作，无疑将是一种最好的选择。因此，他离开了学校，然而他对耕作和收割，或者喂养马匹、奶牛和猪什么的都毫无兴趣。

在他思考代数或者几何之类的问题的时候，羊群却走失了。在他研究月球运行或者对什么驱动地球围绕太阳运转感到好奇的时候，牛群却进入了未收割的庄稼地里，大口地咀嚼乳白色的小麦穗。

不久，他的母亲就意识到，艾萨克根本就不是做农夫的料。因此，他得以重回学校，准备去读大学。

他是剑桥大学毕业生中有史以来最为优秀的数学家，在他只有 27 岁的时候，就被评选为他上学时所在学院的数学教授。

他在学校里出类拔萃，通过学校一些领导的影响，他于 1695 年被任命为英国皇家铸币厂的管理员，四年之后，又被提升至总管的位置。

接着，他就搬到了伦敦，居住在莱斯特广场附近的一座小房子内。他的薪水使得他能够投身于自己最喜爱的研究中去，而这也正是他继续要做的事情。

他最初做出的最为重要的发现之一与光有关。

在他之前的时代，每个人都认为，光是由光束，或者射线构成的。它虽然明亮，却没有任何色彩。

艾萨克做了一项任何一个男孩子都可以重复去做的实验。他在一扇窗户的护窗板上钻了一个小孔，这个小孔仅允许有一支细小的铅笔粗细的光照进房子里。通过这种方式，一个白色的圆点或者一束没有色彩的光线就照在了窗户对面的墙壁上，为此，他开始对这个小点进行研究，以便弄明白自己可以从中获得什么教益。

当他把一块玻璃棱镜放入射线经过的地方的时候，他发现那个无色的小点消失了。小点消失后，他反而在墙上看到之前圆点存在的地方出现了一道美丽的混合着 7 种颜色的光带。在光带的顶端是蓝色的，在光带的底部是红色的，在光带的中间是黄色的。

牛顿与棱镜

就这样，牛顿发现了一缕由彩色光线组成的白光。

他的下一项实验和肥皂泡有关。

他发现，当肥皂泡被吹得非常薄的时候，光的色彩就可以更加清晰地分辨出来，不久，他就能够数出 7 种不同的色彩：蓝紫色、靛蓝色、蓝色、绿色、黄色、橙色和红色。这些就是在彩虹中见得到的 7 种颜色。

不过，牛顿的诸多发现中，最为重要的一项却是现在为人们熟知的"万有引力定律"。

在牛顿之前的好长时间内，每个人都知道，苹果会从树上落到地面。但是，却没有人问过它们为什么不是向其他方向掉落。

所有的男孩子都知道，当一个球被抛向空中的时候，它还会落下来。但是，在牛顿之前，却没有人试图发现为什么会是这个样子。

起初，他认为，只有靠近地球的东西才会落到地球的表面上来。但是，当他想到雨点是怎样从云彩中落下来的时候，才明白他的理论是不正确的。

接着，他想到了月球是围绕着地球运转的，他想知道，月球是如何能够一直待在太空中的，为什么它不会像雨点一样从天上掉下来呢。这是一个新的谜一样的问题，他开始想办法来解决它。

在艾萨克·牛顿出生之前的大约二百年里，一位叫作哥白尼的伟大的波兰天文学家写了一本书，作者在书中提出，相信太阳围绕地球旋转的人是错误的。

哥白尼坚持认为，地球围绕着太阳旋转。起初，人们对这种观点嗤之以鼻，但是到了牛顿生活的时代，人们开始相信了这种观点。艾萨克开始想知道，这种理论是否有助于他解决自己的问题。

当时，男孩子们最喜欢的游戏之一就是用吊带系着一块石头，然后用手握着另一端甩起来耍着玩。毫无疑问，艾萨克自己也玩过好多次这种游戏。

现在，他已长大成人，仍然记得他是怎样以一种很高的速度来让石块旋转起来的。但是，它们从未脱离过吊带，直到他自己将吊带甩出去。

艾萨克知道，月球以每天大约5.5万英里的速度围绕地球旋转，而地球同时还在以每分钟大约1000英里的速度围绕着太阳旋转着。

当然了，牛顿认为，月球围绕地球运行，地球围绕太阳运行，就像一块被系在吊带上的石头会旋转着运行一样。不过，肯定有一种比绳索更坚硬的东西在使它们固定在各自的位置上。在对这一问题进行了长时间的思索之后，他说，虽然月球是受一种非常强大的力的牵引才围绕着地球运转的，但是它并没有更加接近地球，或者落到地球上去，因为，像石头一样，它处于快速运动之中，根本也落不下来。

地球和月球分别通过一种相同的奇妙的力量被吸引在太阳和地球周围。然而，地球之所以没有落到太阳上，是因为它在以每分钟 1000 英里的速度向前旋转着。

牛顿领会到，促使石头和苹果落在地上的力正是将月球吸引在地球周围和将地球吸引在太阳周围的那种力。他称这种力为"万有引力"或者重力。

此后，他那颗拥有无穷智慧的大脑又继续思考位于月球和地球之外的更遥远的星球了。不久，他就得知，保持月球和地球在它们轨道上运行的相同的力也在使太空中所有的星球在它们各自的路线上运行着。

因为他的诸多伟大发现，他获得了当时那些知识渊博人士的高度赞赏。他还被选为皇家学会的成员，这个学会的创设就是为了收集和珍藏各种形式的宝贵知识。

皇家学会资助他出版了自己创作的 12 部著作，其中最为重要的一本是《原理》（全称《自然哲学的数学原理》）。

1705 年，他被安妮女王授予爵士称号。1727 年，他去世后，遗体存放了一周，接着便在威斯敏斯特大教堂举行了盛大而隆重的下葬仪式。

第十九章 英王威廉三世

关于威廉国王的生平故事是非常有趣的。

他 1650 年出生于荷兰，是著名的奥兰治王室的王子。这个王室曾经在荷兰历史上盛极一时。

威廉接受了严格的教育，具有非常卓越的才能，以至于在他只有 22 岁的时候，就当选为荷兰总督，或者执政。

1672 年，法国国王路易十四率领一支 12.5 万人的军队，在蒂雷纳和康德的指挥下侵入了荷兰。英格兰不仅与法国联手，还借其舰队助法军彻底击败了荷兰军队。眼看着城池一个接一个地为法军攻占，荷兰人陷入了一种可怕的困境。

年轻气盛的威廉像一个身经百战的将军一样坚持与法国人的战斗。在开始的时候，他的军队一度失败。不过，荷兰人终将胜利的信念在他头脑中却从未动摇过。

有一次，一个意志消沉的官员对他说："您没有发现国家已经沦陷了吗？"

"沦陷！"威廉回答道，"不，它没有沦陷，再说，我也不会看着它沦陷的！"

在这种信心十足的精神支撑下，他抗击着强敌，既不绝望，也不认输。

接连取得许多胜利之后，法国军队眼看就要夺取阿姆斯特丹了。威廉下令掘开大堤，北海的海水于是覆盖了低地地区。虽然正在生长的庄稼被毁掉了，但是洪水也抑制了入侵的法军。

1674 年，与英国达成和平协议的时候，纽约，荷兰起初在北美的一个殖民定居点，也被称为新阿姆斯特丹，被迫割让给了大英帝国。它被重新命名为纽约，是为了纪念约克公爵詹姆斯，他的哥哥查理二世（生于 1630 年，1651-1685 年在位，英格兰和苏格兰国王）于 1664 年将康涅狄格与特拉华之间的所有土地都授予了他。

法国的入侵给荷兰人带来了极大的灾难，并在实际上确保了法国部分领土的安全，然而路易十四最终还是被迫从荷兰撤了出来。荷兰人在其年轻总督的英勇领导下捍卫了他们的独立。

1685 年，英国国王查理二世死去，约克公爵继承了英国王位，被称为詹姆斯二世。

然而，他却因为自己的一些行为在英国激起了人们的巨大不满。1688 年 6 月，奥兰治的威廉收到一封信，邀请他和他的妻子玛丽，也就是詹姆斯二世的一个女儿入主英国。

这封信上有英国两大党派中 7 位主要人物的签名。它使威廉确信，英国全国上下都希望他能成为这个国家的统治者。

威廉与玛丽的加冕礼

邀请被接受。荷兰人为他们这位可敬的总督能够登上英国王位而感到高兴，他们派遣了一支大约 1.3 万人的军队和一支由 600 多艘船组成的舰队与他一起于 1688 年 11 月抵达英国。

威廉带着他的军队登陆后，就向埃克塞特进发，在那里，人们以一种非常热烈的方式迎接他。好几千的贵族、上层人士和平民成群结队地涌向他的军旗要求参军。他的军队人数因此得以快速增长。在英国，所有地方的人都对他的到来表现出极大的热情。

詹姆斯二世纠集起一支势力强大的武装，他们中的大多数来自苏格兰和爱尔兰，然后就率领他们进军索尔兹伯里，镇压那里发生的叛乱。但是，威廉勇敢地迎击了他，国王的军队毫无章法地向后退却，好多军官和士兵开小差，逃跑了。

詹姆斯不得不绝望地放弃了抵抗，忙不迭地赶往伦敦。到了那里，他才知道，他的女儿安妮已经离开王宫，加入了反叛者的阵营。

"帮帮我吧，上帝！"国王哭着说，"连我自己孩子都抛弃了我！"

他的精神彻底崩溃，准备着尽快赶往法国去。他知道，王位已经不属于他了，便决心逃出英国，投靠自己的表哥、法国国王路易十四。

经过乔装打扮后，他趁夜离开了王宫，将王国玉玺扔进了泰晤士河，接着就乘坐一艘小船赶往一艘在下游不远处停泊的大船。詹姆斯希望乘坐这艘大船前往法国，但是，他的出逃遭到了一位渔夫的阻拦，因为后者认为他形迹可疑，就这样，他被带回了伦敦。

威廉和玛丽带着支持和拥护他们的军队来到伦敦。在那里，人们组织了一场精彩的满怀喜悦的游行，女王受到了热烈欢迎。议会的一个委员会起草了一份《权利宣言》，并被呈送给威廉和玛丽。宣言表明了什么是英国人的权利，声明任何君主都无权干涉这些权利，以及表达了上下两院共同维护它们的决心。

该宣言看起来就像是第二份《大宪章》（第一份《大宪章》1215 年由英王签署生效）。威廉和玛丽双方都在上面签了字，接着，他们就在 1689 年 2 月，被宣布为英国国王和女王。

统治者的更替——国王詹姆斯的退位与威廉和玛丽的到来——被称作 1688 年革命。

正如已经提到的，这场革命在英格兰很容易就完成了。但是，在爱尔兰，却遇到了坚决的反对。伦敦德里和恩尼斯基伦是当地仅有的两座宣誓支持威廉和玛丽的城镇。其他城镇都是詹姆斯的坚定拥趸。

最终，詹姆斯从法国来到了爱尔兰，聚集起一支军队，向那些支持新君主的人发动了一场战争。他获得了法国国王路易十四的帮助。为詹姆斯而战的那些人被称作"詹姆斯党人"，其他人则被称作"奥兰治党人"。在爱尔兰爆发的这场战争仅仅持续了数月，因为在发生于1690年7月12日的博伊奈一役中，詹姆斯的军队被打败了，所有在爱尔兰的抵抗力量也因此而走到了尽头。

接着，威廉被正式承认为大不列颠和爱尔兰的国王。

英国已经向法国宣战，对威廉来说，有必要对欧洲大陆做一次访问。到了欧洲大陆后，他与奥地利、西班牙和其他国家结成了同盟。在他离开英格兰的日子里，玛丽负责管理王国，而且管理得相当不错。

在几年时间内，威廉一直忙于在欧洲大陆上的竞争。他虽然赢得了许多场战役，但是也遭受了一些灾难性的挫败。他在欧洲期间，詹姆斯策划了另一次入侵英国和重夺王位的尝试。

路易十四再次为詹姆斯提供了士兵和战船，一次远征得以向英国进发。这一次，詹姆斯志在必得，所有与他有关的人都认为，取得胜利简直易如反掌。

靠近诺曼底海岸的时候，入侵的舰队遭遇了英国和荷兰联合舰队。在远离拉霍格角的地方，双方发生了一场激烈的对决。英国和荷兰联军获得了辉煌的胜利，詹姆斯返回了法国，从此以后，再也没有为恢复英国王位做出举动。

正当英国和法国在欧洲交战的时候，两国在美洲的殖民地也打了起来。这场在美洲历史上知名的战役就是国王威廉之战。

威廉和玛丽的统治对殖民地而言利益攸关。英国人直到他们

拉霍格战役

签署了《权利宣言》才正式接受他们为君主，他们统治期间为议会通过的第一条法案就是使该宣言成了《土地法》的一部分。

那项宣言不仅确保了生活在"母国"人的权利，还确保了生活在殖民地的人的权利。其中有一条就是"国民有向国王申诉的权利"。

乔治三世拒绝接受殖民者的申诉，除此之外，他还违背了宣言中主张的权利，这同詹姆斯二世的做派如出一辙。因此，美国的殖民者在革命战争中所做的非常类似于一百年前英格兰人所做的，那时候，他们废黜了詹姆斯，将王冠奉送给了威廉和玛丽。

1688 年英国革命同美国革命拥有完全相同的目的。

第二十章　索别斯基

波兰人第一次出现在历史上是在公元 5 世纪，当时，他们被称作波利亚尼。

早在 10 世纪，那里就出现了有明确组织的波兰王国。但是，这个国家直到 14 世纪才崭露头角，在 17 世纪达到了它辉煌灿烂的巅峰。

波兰（Poland）这个名字源自平原（plains）一词。很多世纪以来，这片土地养育了大量的牛、马、猪。此外，还生产了大量的谷物、麻类、木材、蜂蜜和蜡。

虽然不计其数的盐矿，以及少量的铁、铜和银等金属在不同的时期都被开采了出来，但是，总体而言，它们没有太大的价值。

在经历了大量的变动之后，1572 年，波兰变成了一个选举君主制国家，这一政治构架也成了该国最终垮台的主要原因之一。

这个国家内有且只有两个阶级，他们是占有土地的贵族和在土地上耕作的农奴。这里不存在第三个阶级。

此前的章节里曾经提及，土耳其人在东南欧的影响达到鼎盛时期的时候，他们的旗帜一直在迎风飘扬，这种影响在贝尔格莱德存在了一百五十年之久，而贝尔格莱德正是通往匈牙利的大门。

他们的舰队横扫地中海。他们不但从强大的城邦威尼斯手中夺取了克利特岛，而且还加强了达达尼尔海峡的防御工事，如此一来，任何船只在没有获得他们批准的情况下都休想进入黑海。

波兰因其小麦和牛群而声名远播，土耳其人对此极为垂涎，并渴望着有朝一日能够占领这个国家。

为此，他们率领一支大军侵入了波兰，波兰军队英勇地给予了他们迎头痛击，并在主帅索别斯基的领导下成功地将他们击退。

恰在此时，波兰国王暴毙，议会召集会议，要求选举一位继任者。索别斯基走进议会的大厅，建议他们选举一位法国的王子，并说出了这个人的名字。接着，就听到其中的一位贵族说："让一位波兰人统治波兰吧。"索别斯基立刻就获得了提名，并全票通过了选举，成了波兰国王。

约翰·索别斯基1624年出生于加利西亚的奥列斯科。他的父亲是克拉科夫一座城堡的堡主或守护者。约翰在国内外都受到了极为良好的教育，当他被选举为国王的时候，这些都成为他巨大的优势。

在当时，波兰是欧洲最

维也纳的守卫者施塔勒姆贝格

强大的国家之一，比俄罗斯要强大许多，而且看起来还会拥有一个更加光辉的未来。

在此之前的一百年里，土耳其人一直威胁着维也纳，他们当时决心要征服整个奥地利。

1683 年，土耳其人聚集起一支庞大的军队，再一次向维也纳进发了。维也纳在当时不仅是奥地利的主要城市，而且还是德意志帝国的首都。

那时候，统治德意志的皇帝是利奥波德一世（生于 1640 年，1658-1705 年在位）。他虽然戴着查理曼大帝的皇冠，但是却非常名不副实。

他一听到土耳其人正在向维也纳进军的消息，立即选择仓皇出逃，许多贵族和富人眼看着皇帝都逃跑了，也纷纷效尤起来。

施塔勒姆贝格伯爵率领着卫戍部队继续坚守岗位，想尽一切办法来防止维也纳落入敌手。

防御工事需要修补，此时，不仅男人，连妇女都齐心协力地投入到工作中去。男人修墙时，妇女则负责和砂浆，甚至搬运石块。

一天，维也纳的人们向东张望的时候，发现一些不断上升的烟柱。庄稼燃烧了起来，房屋和村庄处于一片火海之中。

这明白无误地告诉他们，土耳其人正在逼近。1683 年 7 月 14 日日出时分，他们出现在了维也纳的城墙外。

他们的营地围成了一个半圆或者月牙状，将大半个城市围了起来。

　　正如雅典在伯罗奔尼撒战争中被斯巴达人恐怖地包围起来所遭受的一样，当时维也纳城中也暴发了瘟疫。这是因为，从全国各地涌进这座城市的人都紧紧地挤在了一起。

　　感染瘟疫者的数量惊人。接着，又发生了一场大火，由于没有消防设施和其他用于灭火的工具，大批的房子眼睁睁地被烧毁了，好几百个家庭因此变得无家可归。虽然形势看起来非常令人沮丧，但是，就在他们处于绝望之中的时候，救援也来了。

　　波兰国王约翰·索别斯基赶来为这座城市解困。他率领一支6.5万人的军队，萨克森选侯约翰·乔治也率领1.3万多人加入了他的队伍中来。

　　在对土耳其人发动攻击之前，索别斯基给他的人做了一次演讲，他说："不单单是维也纳，还有整个基督教世界，今天都在关注着你们。你们并不是为了一个世俗的君主而战。你们是众王

维也纳解围

之王的战士。"

　　在战场上的呐喊声中，到处都可以听到索别斯基的名字。土耳其人对此也很熟悉，因为他们之前交过手，好几千土耳其人望见几百个波兰士兵后就会仓皇逃走。他的威名令他们闻风丧胆。

　　尽管还有大批的土耳其士兵仍在寸步不让地坚守着他们的阵地，他们进行的却是绝望的战斗。因为，他们已无法经受波兰人的猛烈进攻。

　　索别斯基本人也投入了战斗，他唱着圣诗的开头："不要归功于我们，主啊，不要归功于我们，而是您的圣明、仁慈和真理之故给了我们荣耀。"

　　苏丹的 6 位帕夏或将军战死疆场。土耳其的大维齐尔或者首相丢弃了他光彩夺目的、上面绣有黄金和白银的、绿色丝绸做的帐篷，逃命去了。

　　整个穆斯林军队都被打垮了，征服者和他的军队耀武扬威地进入了维也纳城。人们在大教堂举行了一场盛大的感恩节仪式，一位牧师从经文中摘取了一段布道词："有一个人受上帝差遣，他的名字叫约翰。"

　　土耳其人再也未能对维也纳发动有效进攻。不仅如此，他们帝国的城镇也一个接一个地沦陷了，匈牙利的所有领土最终都被从他们手中夺了回来。

　　自从索别斯基大获全胜，土耳其人的势力开始持续地衰落而不是增长了。

　　他们逐渐被向东驱赶，直到在欧洲除了君士坦丁堡之外，再也没有重要的东西留给他们。

　　虽然约翰·索别斯基的统治在波兰历史上是最为光彩夺目的，但是，波兰贵族间持续的纷争和无休止的骚乱使他增强王国实力的所有尝试都遭受了挫折，并导致了这个国家的最终分解和毁灭。

　　虽然波兰的这位英雄，并没有像赫拉克勒斯和珀尔修斯一样，用他的名字来命名一个伟大的星座。但是，在银河最为璀璨的部分，却悬挂着一片以索别斯基的盾牌而闻名的闪闪发光的星团，以至于即使星球不再闪耀，或者人类不再关注它们了，这位伟大的波兰英雄的名字也从不会被遗忘。

第二十一章　彼得大帝

彼得大帝

在俄罗斯历史上，没有人比彼得大帝更有名了。

在他之前，俄罗斯人在艺术和生活享受方面的知识上要远远落后于欧洲的其他国家。

彼得在位期间，其大部分时间都用于改善国家和人民的生活状况，他让俄罗斯成为一个繁荣、强盛和受人尊重的国家。

他出生于1672年，是沙皇阿列克谢的儿子。在他10岁的时候，就与哥哥伊凡一起登上帝位，而后者几乎就是一个白痴。虽然这两个男孩儿被宣布为俄罗斯的联合执政者，但是俄罗斯的摄政王却是比他们大很多岁的姐姐索菲娅。

索菲娅决心成为女皇，为了达到目的，与首相戈利津结成了同盟。

"夫人，"戈利津说，"我们根本不需要惧怕伊凡，倒是彼得让我担心。他对知识的向往达到了如饥似渴，无法停止的地步。他希望可以了解世间的一切。"

正如首相所言，彼得对知识有着强烈的渴望，还学会了许多有用的东西。

大约 17 岁的时候，彼得被告知，他的姐姐索菲娅和亲王戈利津打算谋害他。彼得立刻采取行动，将戈利津驱逐到了冰雪覆盖的阿尔汉格尔，将他的姐姐关押在一座女修道院内。就这样，在大约 18 岁的时候，他成了俄国强有力的统治者，因为伊凡无法分享在政府中的权力。

彼得在采取重要行动之前会倾听他人的意见。他特别重视一位名叫莱福特的才华横溢的瑞士人的建议，并让他在自己的宫廷内身居高位。

莱福特极力主张，军队应该扩大规模，训练有度和装备精良。年轻的皇帝采纳了这条建议。他任命莱福特为其中一支部队的指挥官，指导他用最好的方式装备和训练它。

彼得本人还在莱福特的统领下当过数月的普通士兵。他以极大的忠诚履行了所有他应尽的义务。他先是成了一名下级军官，接着又逐级上升，并最终得到将军的头衔。

在莱福特的指挥下，这支军队被打造成为一支非常了不起的战斗团体。

在亲政初期的一天，彼得注意到，一条流经莫斯科的河上有一艘带有龙骨的小船。他于是询问起龙骨是做什么用的，并且还以浓厚的兴趣了解到，它可以使这艘小船逆风而行。

小船是一位叫勃兰特的荷兰人为彼得的父亲建造的，这个人立刻被告知将小船调试到最佳状态。一切就绪后，荷兰人又给彼得讲了些航行知识，这位年轻的沙皇因此而成了一位非常专业的船员。

当时，俄罗斯只有一座海港，它就是位于白海边上的阿尔汉格尔。沙皇于是就去了阿尔汉格尔，并在那儿安家七个月。

在那儿逗留期间，他结识了一位叫穆施的荷兰船长，并从他那儿学到了所有关于船只和管理它们的知识。他的航海生活以船上服务员的身份开始，接着又经历了航海生活的各个环节，直至他适合做一名海军指挥官。

因为彼得感到，他必须拥有一支海军，而且还必须由他亲自来统领，所以他应该了解船只的建造和管理，因此决计去荷兰学习造船技术。

把帝国的事务委托给3位贵族管理后，他带着莱福特和其他一些同伴离开俄罗斯，去了阿姆斯特丹，那是荷兰最重要的一座城市。

在访问了阿姆斯特丹和考察了它的船舶和码头后，他去了附近一座叫作赞丹的小镇，并在一个为著名的荷兰东印度公司造船的工场做了一名工匠。他住在工场附近的一座小房子内，自己做饭吃。

在赞丹工作一段时间
后，他又以造船工人的身
份在伦敦附近工作了四五
个月，因为在伦敦可以学
到一些比在荷兰更好的与
造船有关的知识。

以造船工人身份在荷兰的彼得大帝

　　通过在这两个国家的
刻苦学习，他已经彻底掌握了造船这门技术，于是返程回国。

　　他当时在俄罗斯南部维罗纳河的某个地方开始了俄罗斯海军
的建设，建造的船只都是些小型炮船。

　　船只建造过程中，有人对彼得说："您建造这些船有什么用
呢？您没有好的海港。"

　　"我的船只自会为它们找到合适的港口。"彼得回答。不久，
它们就做到了这一点。

　　他夺取的第一个港口是位于顿河河口的亚速。这个地方是从
土耳其人的手里夺来的。俄罗斯舰队顺流而下，从海路发起了攻
击，同时还有 1.2 万人的军队在陆上发起进攻。彼得本人有时会
同陆军待在一起，有时则会待在一艘战船上。

　　亚速的夺取为俄罗斯在黑海沿岸提供了一座港口。但是，这
仅仅是个开始。在北部的涅瓦河入口，一项更加重要的工程完成了。

　　彼得登上帝位的时候，瑞典是北欧的军事和海军强国。瑞典
人是波罗的海和芬兰湾的主人。彼得说，瑞典人是俄罗斯的压迫

者，他要将俄罗斯从他们的压迫中解放出来。

在荷兰的时候，他住在阿姆斯特丹附近。这座城市是靠近河口的一座大型海港。阿姆斯特丹就建在沼泽地上，城里人的住所、仓库、金碧辉煌的教堂和公共建筑都立在柱子上。

涅瓦河流入芬兰湾内。彼得决心在河两岸的沼泽上建造一座俄罗斯的阿姆斯特丹。

瑞典国王、著名的查理十二世（详情见第二十二章）声称，位于涅瓦河口的那个地区属于瑞典。尽管如此，彼得还是在那里为他的新城市奠定了基础，并称之为圣彼得堡。

当瑞典国王听说了那里正在发生的事情，他说："我不久就会把那些房屋付之一炬。"

瑞典的要塞捍卫着那个地区和入河口。无论谁拥有它们，都将因此而控制圣彼得堡的商业活动。

瑞典国王不久就极为震惊地听说，圣彼得堡已经奠了基，还知道彼得的军队已经夺取了他的两处要塞，涅瓦河口的那片地区已经落入了彼得的手中。

此后不久，查理十二世带领一支训练有素的军队包围了一个名叫波尔塔瓦的俄国小镇。彼得率军迎战。两个君主都亲自指挥他们的军队。

查理的脚后跟受过伤，不得不靠人用担架抬着指挥战斗。在战斗中，一颗大炮弹炸死了一个抬担架的人，使他乘坐的担架散了架，于是这位国王据说命令一些人用他们的长矛将他再次抬了起来。

像查理一样，彼得也处在紧张而激烈的交火之中。他的衣服有多处被射穿，一颗子弹还射穿了他的帽子。

双方进行了殊死的战斗之后，瑞典人撤退了。他们有一半以上的士兵受伤或阵亡。

只有几百人同查理一起逃走了，据说，查理是手下用 12 匹战马拉的马车从战场上带走的。

波尔塔瓦一役胜利之后，继之以他们的海军在芬兰湾的获胜。芬兰当时的都城奥布和现在的都城赫尔辛基两地均被夺取，俄罗斯人成了海湾的主人。

彼得下定决心，他的人民应该成为一个商业民族。他敦促他们从事对外贸易，鼓励外国人把他们的商品带到俄罗斯的新兴港口。在圣彼得堡的第一块奠基石布下之后六个月内，一艘悬挂着荷兰国旗的大船就沿着涅瓦河而上，停泊在这座在建城市的附近。

彼得亲自登上甲板迎接那些远方来客。船长还应邀在一位贵族的大宅内共进了晚餐。彼得和几位政府官员买下了一整船的货物。当那艘船要从圣彼得堡离开的时候，船长又收到了一份大约值 200 美元的礼物，他的每一位船员则收到了少量的钱，作为将第一艘外国船只带到这座新港的额外费用。

彼得鼓励生活在俄国不同地区的人民之间开展商业往来，为他们经商提供诸多便利。他改善了路况，提供小船为他们在河内导航，从事把波罗的海、黑海和里海等重要水道连接起来的浩大运河工程。

统治末期，彼得重访了他在荷兰学会造船贸易的赞丹城。在那里，他找到一些他曾经一起工作的老伙计，并且很高兴地听他们喊他彼得·巴斯以及欢迎他的到来，彼得·巴斯就是他们在二十年前认识他时对他的称呼。

他还去了自己曾经居住过的那座小房子。房子得到了精心的保护。在一间屋子里，有一张橡树做的小桌子和三把椅子，它们的陈设和以前彼得使用时一样。在壁炉上，刻着每个年少有为的男孩子都会当作座右铭的一句箴言："对于伟人而言，没有什么是微不足道的。"

彼得去看望了一位老朋友、铁匠基斯特，那个人正在自己的铁匠铺干活。沙皇从他手中接过家伙什，亲自拉起风箱，把铁块烧热，然后用一把大锤将它打造成了需要的形状。虽然他是几百万人的统治者，但是，他很为自己作为一个工匠和能够为自己做事感到骄傲。

有史以来，没有哪位君主可以像彼得那样实至名归地享有"伟人"的称号。当他发现他的帝国脆弱不堪时，就为它建造了一支训练有素的军队和一支庞大的海军。当他发现他的帝国没有商业时，又确保它获得了外国船只可以带来货物并停泊的港口，开挖了可以使帝国的不同地区能够便捷地进行贸易往来的运河。

因此，极而言之，他是一位伟人。他不但使他的国家强大和富裕，而且还为他的人民提供了新的和更好的生活方式。

第二十二章　瑞典国王查理十二世

1697 年，斯德哥尔摩市出现了一个奇怪的加冕仪式。一个年仅 15 岁的男孩儿被加冕为瑞典国王，名号是查理十二世。

他出生于 1682 年。在只有三四岁的时候，王后来到育婴室想带他去教堂，但是，他却拒绝从所坐的高高的椅子上下来，因为他已经答应过他的保姆，没有她的允许，他不会从座位上离开。

他刚会说话，就被教授德语和瑞典语，历史、地理和算术对他而言，就像玩游戏一样简单。

4 岁的时候，他就被放在马上练习骑术。8 岁时，他已经是一个不错的骑手了。11 岁时，他杀死了有生以来的第一只熊。12 岁之前，他在 90 码开外射杀了一头牡鹿。

刚一戴上王冠，他就变得非常傲慢和自负。任何人都不允许挑他做事的毛病。

查理成为国王一年左右，有两位公主被送往斯德哥尔摩过冬，王室期望他能够看上其中的一位，并娶她为妻。

但是，查理一个也没看上。事实上，他除了战争，从来没对任何人或者任何事产生过兴趣。

　　一天，在他外出猎熊的时候，有消息传来，说丹麦和波兰的国王以及俄国的彼得大帝已经组成了反对他的联军，他们打算夺取瑞典，将其瓜分。

　　于是他聚集起一支军队，自任统帅，通过水路向丹麦进发，不久便迫使丹麦人乞和。

　　接着，他又向俄国进军。虽然俄国人是瑞典人的 5 倍多，但是查理却说："有身穿蓝衣的勇士们做后盾，我无所畏惧。"

　　行军途中，有 400 个瑞典士兵遭到了 6000 俄国人的袭击，然而瑞典人击退了他们。彼得大帝和他的军队一见到瑞典人靠近就逃掉了。

　　虽然如此，查理还是对他们穷追不舍，两军于是在猛烈的暴风雪中大战了一场。战斗中，查理的一只靴子掉在了泥淖里，一颗子弹从他的衣服上贴身而过。然而，在夜幕降临之际，瑞典人获得了全胜。当时查理只有 18 岁。

　　第二年夏天，这位年轻的勇士率军向俄国和波兰联军发动进攻。战斗持续了一整天，查理再次获得了胜利。

　　波兰有一位叫玛丽·奥罗拉的美丽贵妇人，给查理写了一封信，请求见他一面，希望结束战争。但是，查理对此不予理会。

　　后来，奥罗拉去了瑞典军营，虽然是隆冬时节，但是，国王却拒绝接见她。

　　然而，这位贵妇并不气馁。一天，她看见他骑着马向她走来，就立刻从马车里出来，在布满泥泞的路上，跪在了他的面前。查理举起帽子，向她深深地鞠了一躬，却没有停下来，继续策马前进，飞快地离开了。大约三周后，波兰的两个首都华沙和克拉科夫均落入了他的手中。

查理立刻又为他的军队在别处找到了活干。他们侵入了后来隶属于他的劲敌奥古斯塔斯的萨克森，并夺取了那个地方。萨克森被占领了一年多。

当他忙于侵略萨克森的时候，彼得大帝攻击了他位于波罗的海的省份。彼得不仅占领了那里的主要港口，还在瑞典的领土上建立了他的新首都圣彼得堡。

在捍卫领土的过程中，查理与俄国人进行了几场恶战，并最终打败了他们。

俄国人撤退的时候，烧掉了他们身后所有的桥梁。

接下来，他决心去救援乌克兰的哥萨克人。当时是 12 月份。天气非常寒冷，连波罗的海都让冰给封住，好多鸟从树上跌下来摔死了。瑞典人穿得非常简陋，严寒让他们吃尽了苦头。有 3000 多人被冻死，许多人被冻伤。

查理 4.1 万人的军队丧失了 2 万人。然而，他不愿意就此放弃战斗，另一方面，还决心包围要塞波尔塔瓦。

到这个时候，查理看起来一直都有天佑神护着。可是，一天，有一颗子弹击中了他的脚。一些细小的骨头被击碎了，为了把碎片取出来，脚上的肉不得不切开。虽然查理无所畏惧地看着人们

查理十二世躺在担架上行军

给他做手术，但是，伤口给他带来了麻烦，他必须坐着担架才能出行，正如我们在彼得大帝一章所读到的故事一样。

虽然"蓝衣勇士"创造了奇迹，但是战斗却是毫无希望的。他们被彻底打败了，查理好不容易才得以逃生。

最后，他带着他的残军败将穿过了第聂伯河，向土耳其人寻求避难，他在距离瑞典700英里的土耳其本德城居住了好几年。

土耳其苏丹对他非常友好，在本德，查理为自己建造了一座石屋，石屋的墙看起来和堡垒的墙一样。

苏丹还给了他一支禁卫军。这些人变得非常爱戴他，当他们发现他拥有一个多么坚强的意志的时候，就称呼他为"铁头查理"。他们中的一些人说："如果安拉（上帝）将这样一位统治者赐给我们，我们就可以征服全世界。"

因为彼得大帝不仅夺取了瑞典位于波罗的海沿岸的港口，还夺取了土耳其位于黑海沿岸的港口，所以查理向苏丹建议，土耳其和瑞典应该联起手来共同对付俄国。苏丹同意了这一建议，1710年，他们向俄国宣战，一支20万人的大军向俄国开去。

彼得只有大约4万人的军队，他为此忧心忡忡，渴望和解。他给土耳其的统帅送了一马车的金钱，说服他签订了协议。

虽然协议达成的时候，查理并没有同土耳其的军队待在一起，但是，他不久就迅速赶到了。他无比失望，尤其是他还收到了苏丹写给他的一封信，建议他返回瑞典去。

由于查理拒绝回去，苏丹非常生气，他下达命令，无论生死，都必须将查理抓住并带离本德城。

查理给苏丹回话，如果他们试图这样做，他将奋起战斗。因此，苏丹的人向他居住的作为防御工事而建的房子发起了攻击。

一些土耳其士兵拒绝攻击他，其中有 30 人被苏丹下令投入第伯聂河淹死了。

有 50 位对他友好的士兵成功说服查理将自己交给他们，当他们失败的时候，他们说："哎呀，铮铮铁汉！安拉让您变疯了！"

1.2 万土耳其人接着向查理的住处发起了进攻。他为了生存，英勇应战，但是最终被捕并被交给土耳其统帅。

他看起来根本就不像是一位国王。他的衣服已经破破烂烂，他的脸上布满了粉末和血迹，简直就认不出来了。

瑞典国内的人们听说他被捕，一些人为国王的英勇感到振奋。但是，王国里最有智慧的人为之感到悲伤。在整个欧洲，人们竞相传说，查理疯掉了。

当时在瑞典，一些人说，除非查理返回国内，否则他们将另立新君。人们给他写了一封信，恳求他能回国。

这导致他最终离开了土耳其。1714 年 11 月 11 日午夜，他进入了隶属于瑞典的设有防御工事的斯特拉尔松城内。虽然瑞典人对他的回归感到欢呼雀跃，但是却为他没有直接穿过波罗的海进入瑞典国内而感到失望。

他的邻国为他待在斯特拉尔松而感到高兴。它们中的 6 个——俄国、普鲁士、波兰、萨克森、丹麦和汉诺威，已经向瑞典宣了战。他们认为，他在斯特拉尔松的时候，他们能够轻而易举地擒获他。

虽然他们包围了那座城镇，但是查理进行了英勇抵抗。为了激励他的人，他亲自前往最为危险的地方战斗。他甚至在敌人枪炮射击的范围内就餐。他席地而卧，以石头做枕头，与普通的士兵一起分担因包围而给他们带来的困苦。

尽管他作战勇敢，但是，查理看到，斯特拉尔松肯定会投降。他于是乘坐一艘小船穿过波罗的海，在瑞典的隆德市安家。长期的战争几乎使瑞典遭受了毁灭性的打击，它的未来看起来非常黯淡。虽然查理无法看到他的王国处于一种怎样的穷困潦倒之中，但是，其他人都知道，瑞典需要和平，因为她已经在战争或疾病中丧失了几乎四分之一的国民。

大部分的渔业都废弃了，因为渔民都被征调和充实到舰船上去了。大量的农田交由妇女和儿童来耕种。在国内，肉类、黄油和动物油脂变得奇缺。由于动物油脂可以用来制作蜡烛，油脂的缺乏导致了蜡烛的缺乏，因为无蜡烛可买，人们在早上或者晚间都无法工作。

国王分担了国人的穷困。他的桌子上没有银制品。他所有的餐具都由白镴（锡铅合金）做成。他睡在草垫上，以披风为被。

他对战争的热情像之前一样强烈，最终，他决定入侵当时隶属于丹麦的挪威。

他向挪威要塞弗雷德里克顿发起了进攻。人们在要塞枪炮的射击范围内挖了战壕。一天早上，他在向一条战壕的顶部眺望的时候，被一颗子弹击中，当场毙命。

虽然查理是一个勇敢的人，但是他却不是一位好的统治者。他穷兵黩武，而且还拥有一种让别人也这么做的神奇力量。他的人民不仅非常热爱他，而且还继续尊敬他。他将他的国家置于毁灭的边缘。在他发动的战争中，有15万多人丧生，他令瑞典比其统治初期无论在领土还是在财富方面都变得更加穷困。

第二十三章　腓特烈大帝

1730 年，一则奇怪的消息震惊了整个欧洲。这则消息从一个王国传到另一个王国，说，普鲁士的王储因受他的父亲，也就是国王的指控而被军事法庭判处死刑。

当消息传到维也纳的时候，奥地利的皇帝派人捎话给普鲁士国王，恳求他不要允许儿子被执行死刑，波兰和瑞典的国王也做出了同样的请求。

这个年轻人被指控做了普鲁士军队的逃兵。他隶属于一个非常著名的被称作"波茨坦精锐部队"的军团，那是他父亲引以为傲的部队。

他父亲是一个强硬而又严格的人。他热衷于做的一件事就是省钱，他不喜欢做的事情就是花钱。

腓特烈只有 7 岁的时候，就被要求刻苦学习。他父亲为他定的规矩就是必须早上 6 点起床，一旦被叫醒，

腓特烈大帝

不允许在床上多待一分钟。

　　每周六的早上，他都要接受检测，以考察一周来的学习情况，如果他在测试中表现良好，当天下午就会成为他半天的假期。如果表现不好，就必须留下来，继续学习。

　　除了学习，在 12 岁之前，他还得以一个士兵的身份进行军事训练。但是，年轻的腓特烈不像大部分男孩子那样喜好军事训练。

　　这样一来，当你听到王储不喜欢他的父亲，国王看起来非常憎恨自己的儿子不会感到意外吧。有一次，据说国王试图用窗帘的绳子将这位王子勒死。

　　王子最终下定决心逃离他父亲的王宫，去与他的舅舅，即英国的国王乔治二世（生于 1683 年，1727-1760 年在位）待在一起。但是，他的父亲发现了他的计划，并挫败了它。

　　接着就迎来了军事法庭的审判。王子被发现犯有逃离他的军团的罪行，并因此被判了死刑。要不是奥地利皇帝以及波兰和瑞典国王的极力反对，他可能会被执行死刑。

　　几天之后，王子签署了一份承诺并提交给他的父亲。他随后就被从监狱中释放出来，严加看管。当时，由于要迎合易怒的老国王，他被任命为波茨坦精锐部队的上校。

　　此后不久，他父亲就得了一场大病，而且再也不会强健如初了。他对待儿子的态度也变得柔和慈祥。临死之前，他发现自己犯了一个错误，不应该如此轻看他的儿子。

　　腓特烈二世于 1740 年 5 月 31 日登上王位。第二天，他向他的人民做出了如下承诺："让每一位国民满意和幸福应该成为我们的最大关切。"

　　他开始时做得很好。他父亲死之前的一段时间，普鲁士因庄稼歉收，饥荒盛行起来。但是吝啬的老国王害怕受到欺骗，不愿意把属于王国的麦子出售给人民。腓特烈二世立刻出售粮食给所有需要的人，并且下令，1000 名贫穷妇女的衣食费用由他来承担，而且还会尽量满足她们在此方面的需求。

　　他改变了自己的生活方式，对军队做了一项重要变动，将其人数扩充至 10 万人，并且在登上王位不久就开始大动干戈。

　　他作战的理由是，在他出生之前的一百多年，他的一位祖先同西里西亚地区的公爵达成了一项协议，即如果两者任何一方死的时候没有继承人，他的领土就要并入另一方。

　　这项协议被适时地写在了羊皮纸上，既签了字又盖了章。因为西里西亚的公爵去世的时候没有留下继承人，所以，根据协议，西里西亚就应该成为普鲁士的一部分。然而，奥地利大公却将其据为己有。它已经成为奥地利的一部分好长时间了，连大部分人都忘记了普鲁士对它还有领

腓特烈大帝在战斗中

土主张。

　　然而，腓特烈二世并没有忘记这件事。他在登上王位不久，就写信给奥地利的女大公玛丽娅·特蕾莎（生于 1717 年，1740-1780 年在位），提出了西里西亚是他领土一部分的主张。他愿意为了这一地区支付给对方一大笔金钱，虽然他说西里西亚就是他的，但是玛丽娅却拒绝将此地交给或者卖给他。

　　腓特烈不愿意浪费时间，他立刻率领一支大军进入了那个国家。西里西亚的首府布雷斯劳在毫无抵抗的情况下，就向他打开了城门，这个国家的大部分城镇也都纷纷效仿。

　　玛丽娅·特蕾莎也派遣了一支大军进入战场，腓特烈主导的第一场战役就这样打响了。它就发生在莫尔维茨城附近。这场战争之所以众所周知，不是因为战争中有多少人被杀和受伤，而是因为腓特烈国王自己从战场上逃跑了。他逃跑之后，战局发生了变化，他的军队获得了胜利。

　　虽然玛丽娅·特蕾莎对此感到非常震惊，但是她做了一件非常英明的事情。因为她既是匈牙利的女王，又是奥地利的女大公，她知道，匈牙利人非常骁勇善战，所以，她邀请匈牙利的贵族相商，并对他们说："你们是我唯一的同盟者，我则寄希望于你们慷慨的相助。"这些话说到他们的心坎上了，他们通过表决，所有的匈牙利人都应该武装起来，为她而战。

　　但是，她的军队再一次拙劣地败北，她也被迫将几乎整个西里西亚都割给了腓特烈。腓特烈就这样用二十个月的时间为普鲁士赢得了一片比马萨诸塞、康涅狄格和罗德岛加起来还要大的领土。

事实上，对西里西亚人而言，能够成为普鲁士人是一件很幸运的事情。因为，这个地区不久就会比它之前更加富饶和繁荣，那里的人民也都是无比高兴。

当和平到来的时候，腓特烈在王宫就像在战场上一样忙碌。为了做他认为的一个国王应该做的，他发现他每天都必须拥有大量的时间。因此，他做出命令，要有仆人在早上4点钟的时候把他叫醒。

由于有好几个早上，他在被叫醒之后，又重新入睡，为此，他命令那个仆人在4点钟的时候用一块冰凉的湿毛巾盖在他的脸上，这使他完全清醒过来。终其一生，他都是在4点起床的。他大约在晚上9点或10点睡觉，睡觉的时间几乎很少超过6个小时。

玛丽娅·特蕾莎让他一刻也得不到消停，因为她对失去西里西亚一直耿耿于怀。腓特烈有理由推定，她正打算重新夺回这一失去的地区，为此他迅速入侵了她的领土。他获得了4次胜利，

腓特烈对将军们进行训话

从而再一次确保了西里西亚是普鲁士的领土。

在腓特烈于第二次西里西亚战争中征服了她之后，她发现俄国、法国、瑞典和萨克森正准备与他开战。

玛丽娅·特蕾莎和他的新朋友达成协议，他们将摧毁腓特烈的军队，占领普鲁士，瓜分其领土。

但是，腓特烈的行动让他的敌人大吃一惊。1756 年 8 月 24 日，他侵入了萨克森，就这样开启了众所周知的"七年战争"。

战争伊始，他做得很成功，并且还迫使萨克森的所有军队都缴械投降。然而，此后他的好运就到头了。奥地利人在一个叫作科林的地方获得了一场重要的胜利。战争开始后的大约三年里，联军事实上几乎就要毁灭他了。

奥地利人和普鲁士人之间还在一个叫作库勒斯道夫的地方打了一场重要的战役。当腓特烈看到这场战役很可能就要失败的时候，他亲自率军发动了三次进攻。他胯下的战马都战死了 3 匹。一颗子弹击中了他防护衣口袋内的一个小型金属盒子，子弹因此被撞扁了。要不是那个盒子，他肯定会被打死。

然而，他所有的努力都是徒劳无益的。失败是可怕的，腓特烈变得非常绝望。他给一位朋友写信说："一切都失去了。祖国灭亡，我也将随之而去。永别了。"据说，当时他在自己的口袋里放了几粒毒药，如果一切看起来毫无希望，他就会以此自尽。

后来，发生了一件幸运的事。俄国人期望奥地利人能为他们的军队提供食物，因为这是为奥地利人而战的。但是，本应该给他们送面粉的奥地利人却给他们送去了金钱。俄国将领说，他的人不可能吃银子。随着冬季来临，他只好率军返回俄国去了。

决定性的战役就要到来了，1759年，在美洲是非常著名的一年，因为在这一年英国人征服了加拿大。同样的一年，对于腓特烈来说，却是非常不幸的。他的人有6000人战死，普鲁士无论在人力还是财力上都接近崩溃的边缘。

但是，国王仍然勇敢得惊人，他用自己的勇气和希望激励着所有的普鲁士人。此外，他还获取了几次胜利。一天晚上，当他坐在一处营火旁处于半睡状态时，一个骑兵飞驰进军营，大喊道："吾王何在？"

"在这里！"腓特烈回答。

那位骑兵赶忙说："敌军已经推进到我们的前哨阵地，离我们的左翼不足500码。"

腓特烈立刻下令，几分钟后，10门大炮开始向敌人的队伍发射炮弹。虽然奥地利人的进攻非常可怕，但是，由于普鲁士人英勇地坚守阵地，奥地利人被赶了回去。他们损失了1万人，普鲁士人仅仅损失了1800人。

战局发生了扭转，腓特烈赢得了发生在托尔高的这场重要的战役的胜利，随后，双方签订了协议，在玛丽娅·特蕾莎被迫永远放弃西里西亚的同时，腓特烈则第三次成了西里西亚的主人。

在腓特烈登上王位初期，普鲁士不仅在领土上面积狭小，影响也微不足道。七年战争之后，它已经变成欧洲强国中的一员了。

　　腓特烈在和平时期的表现与他在战争中一样了不起。他借钱给那些需要的人，为农民提供种子。他自称为"国家的首席公仆"，实实在在地为人民的福祉像奴隶一样工作。据说，在七年战争中，这个国家仍然像以往一样繁荣。

　　在欧洲发生的曾经最为引人注目和最为令人伤悲的事情之一就是"瓜分波兰"了。俄国、奥地利和普鲁士决心将这个小王国一分为三，进行分别占领。

　　普鲁士从波兰所得的份额使得腓特烈政府因此获益良多。然而，当他接管那个地方的时候，那里的人民处境非常悲惨。腓特烈不久就改变了所有这一切，那里变得很繁荣，它的居民则过着舒适的生活。

　　他还是一个严格执行纪律的人，他对待自己和对待他人一样，都很严厉。1786 年 8 月，他命令军队进行了许多次战斗演习。在出席一次演习的时候，他患了感冒，感冒又发展成了一种他再也无法康复的疾病。

　　在他去世那天晚上的大约 12 点钟，坐在他旁边的一群狗里有一条冷得发抖，腓特烈说"给它盖上条被子"。这就是他说的最后一句话，在 2 点半的时候，他去世了。

第二十四章　威廉·皮特

在腓特烈大帝让普鲁士成为欧洲的一个主要强国的时候，第一位查塔姆伯爵老威廉·皮特正在使英国变得强大。

虽然他仅仅做了一届英国首相，而且还不足两年，但是他的智慧和正直赋予了他一种影响力，这种影响力使他在好多年内都是这个国家的真正统治者。

他 1708 年出生于英国的西南部，他的父亲是一位家世显赫且非常富有的乡绅。

这位未来政治家的童年是在乡村景色和快乐中度过的。在少年时代，他酷爱读书，他仔细又专注的学习态度令他的父母和老师们都感到非常满意。

他还是一位运动和游戏爱好者。然而，即使在他求学期间，

威廉·皮特

他也一直遭受着因遗传而来的痛风发作的痛苦。

当进入牛津大学三一学院的时候，他的渊博学识在那个年龄的学生中是很少见的。但是，由于身体孱弱，他不得不在没有获得学位的情况下就离开了学校。去欧洲大陆后，他在法国和意大利游历和学习了两年。后来，他返回了英国，在一个骑兵团里谋了份军官的差事。

不久，他就发现自己选择从军作为职业是犯了一个错误。他看到自己可以在公共事务方面做得更好。

这位年轻的军官于是立即采取措施来谋得一份公职。幸运的是，代表老萨勒姆选区的权利属于他的家族，就这样，他得以成为议会的议员。

他在下议院所做的演讲很有说服力，有时候还很雄辩。一天，他对时任英国首相的霍勒斯·沃波尔提议的一项措施提出了反对意见。皮特的强硬话语让沃波尔感觉受到了冒犯，导致他解除了皮特在军中的职位，要知道，皮特虽然谋得了议员的身份，却没有同军队切断关系。

"现在，我可以全身心地参与政治活动了，"皮特告诉他的朋友们，"事实上我非常高兴，沃波尔已经阻止我继续待在军队。我无论如何都不适合做一名士兵了。"

从皮特进入议会一直到他晚年，他都全身心地投入公共事务中去。他很快就表现出自己拥有的天才的政治管理能力。

在下议院中，还没有哪位演讲者的演讲能够获得如此众多的关注。但是，他力量的源泉并不神秘。一个简单的事实在于，他始终如一地赞成那些他认为会有益于人民的措施。

在政治生活中积累了一些经验之后，他当选为内阁成员，虽然他名义上不是首相，但是他事实上却是政府的首脑。几乎所有它的重要措施都是由他提出来的。

有一次，他因冒险反对了国王乔治二世的愿望，而不得不辞去职位。但是，国王发现，没有他政府根本无法运转下去。人们要求他重回岗位，没有几个月，他就被重新召了回来。

英国当时的情况很虚弱。在著名的"七年战争"期间，作为腓特烈大帝的同盟，皮特将英国的陆军和海军都投入到同法国的战争中去，战争的结果迫使法国将它在美洲和印度占有的非常重要的殖民地割让给了英国。

皮特用国家热情激励英国。正是在 1756 至 1761 年期间，他拥有充足的机会来展示他无与伦比的卓越品质。他在用人方面的英明决断，比如将乌尔夫安排在加拿大及将克莱武安排在印度。他在外交事务管理方面的有力措施，都使英国在世界的每个地方受到尊重。

人们称呼他为"伟大的下议院议员"，因为，直到当时，他还没有贵族头衔。此前，在英国从未出现过一位在公共事务方面这么了不起的领袖人物。

年轻的国王有些倔强，他决心成为"一位真正的国王"，正如他自己所说的。因此，一天，当皮特建议英国向同它的死敌法国结盟的西班牙宣战的时候，国王和他的委员会拒绝了这一提议。皮特接着就决定放弃他的职位，不再继续从事政府管理工作。

国王平静地接受了他的辞呈，也没有要求皮特继续留任，尽管如此，国王还是准许每年都发给他1.5万美元的退休金。

从岗位上退下来之后，皮特仍然留在下议院，正如他很长时间以来所做的那样，依然是下议院中最重要的成员。在辩论中，经常能听到他雄辩的声音，他的话不仅对议会而且对整个国家都具有影响力。

有两次，人们敦促他参与政府事务，都被他拒绝了。最后，1766年，乔治国王邀请他选择一个适合他自己的部长职位，皮特接受了邀请。

他为自己选择的新职务是掌玺大臣，还以皮特子爵和查塔姆伯爵的身份在贵族院（即上议院）占有一席之地。虽然，他对这一称号的接受起初使他丧失了相当的知名度，但是，他对人民的关切一如既往地热烈，即使作为贵族院的一员，最终还使他恢复了公众对他的信心。

1768年，他不再担任首相职务，他的岗位随之由诺斯勋爵继任。

像伯克一样，他用最无所畏惧的方式谴责了诺斯勋爵政府对美国殖民地采取的专制和非正义的措施。他坚持殖民者应该被授予英国公民具有的所有权利，以最温和的方式敦促他们用友好的方式解决他们与政府之间的问题。

宾夕法尼亚的匹兹堡，就是他在美国的追随者为了纪念他为

威廉·皮特之死

殖民地人民的利益所做出的努力而起的。

　　当他于 1778 年 5 月去世的时候，整个英国，无论是在殖民地还是在本土，都沉浸于巨大的悲痛之中。他是个爱国者和政治家，绝不仅仅是个政客。

第二十五章　乔治·华盛顿

乔治·华盛顿被尊为美国"国父"，他1732年2月22日出生于弗吉尼亚一个被称为"桥溪"的大种植园家庭。

3岁的时候，他出生时所在的房子被大火烧毁了，随后，举家迁往位于弗雷德里克斯堡对面拉帕汉诺克河边上的另一处种植园内。

虽然他在家中5个孩子里面排行老大，但是他还有个同父异母的哥哥，名叫劳伦斯，比他大15岁。

由于父亲在他只有11岁的时候就过世了，他结实又健康的母亲就勇敢地肩负起责任，小心翼翼地把她的孩子抚养成人。

人们普遍承认，华盛顿从他母亲那里获得了男人的品质。无论是在相貌还是在心理特征上，他都很像他的母亲。

华盛顿的父亲死后，他一处位于波托马克河边的叫做弗农山庄的遗产由劳伦斯继承。

劳伦斯非常喜欢乔治，常常邀请他去弗农山庄度假。

有一位叫做费尔法克斯勋爵的英国贵族，就住在弗农山庄附

近，他常常拜访劳伦斯。就这样，
乔治和他熟识起来。虽然费尔法
克斯勋爵在弗吉尼亚拥有一大片
野生林地，但是他自己从来没去
看过这片林地，也很少有白人去
过那里。费尔法克斯勋爵是一位
上了年纪的绅士，不过，他对乔
治却是非常喜欢。当他发现这个
年轻人懂得测量技术的时候，就
聘请他测量一下这些土地。

作为测量员的华盛顿

　　乔治当时只有 16 岁，然而他接手了这项任务。对如此年轻
的一个人来说，这的确可以称得上是一项事业。但是，他只用了
3 年，就完成了测量工作，而且工作做得相当不错，直到今天仍
在发挥作用。

　　劳伦斯死于 1752 年，在他的遗嘱里，他让乔治做他女儿的
监护人，并且规定，万一他女儿死了，乔治就是弗农山庄的继承人。

　　当时，乔治已经长大成人。他体格健壮，行动敏捷。在他熟
悉的年轻人中，无论是在跑步、跳远还是在骑马方面，没有一个
能比得过他。

　　他获得了那些认识他的人的完全信任，从而被委以承载着巨
大信任和责任的重任。

　　23 岁的时候，他成了弗吉尼亚为防卫西部领土遭受法国侵

略而招募的各种武装力量的上校和总司令。

　　在这次同法国的战争中，正如人们所说的那样，他受到了极好的锻炼，有成功方面的，也有失败方面的，当人们看到这些失败和挫折是如何激发了他不可战胜的精神以后，也极大地增加了对他的信心。

　　在第二次远征中，华盛顿再一次被任命为美利坚殖民地军队的统帅。法国军队已经在阿勒格尼河与莫农加希拉河交汇并形成了俄亥俄河的地方，建造了一处被称为杜魁斯要塞的堡垒。

　　华盛顿决定夺取这处要塞，而法国的守备部队又害怕冒险打仗，所以他们放火烧掉了要塞，然后撤往加拿大。

　　华盛顿和他的人赶到的时候，他们除了发现冒烟的废墟外，一无所获，即使如此，他们还是以国王乔治的名义占领了那个地方。

　　此后一段时间，英国人在魁北克与法国人的对抗中，赢得了一场重要胜利。这次胜利使他们获得了法国在美洲从圣劳伦斯和大湖区向西至密西西比河流域，向南至墨西哥湾的广大区域。战争结束后，华盛顿返回了弗农山庄。

　　1758年5月，华盛顿被召至威廉斯堡与总督商议弗吉尼亚军队的情况。在一位仆人的伴随下，他骑马前往那里。一天，他停下来，在一位好客的种植园主的宅第内享用晚餐。

　　在那里，他被介绍给一位可爱又年轻的寡妇玛莎夫人。她的举止和谈吐是如此令人愉快，以至于华盛顿在她的陪伴下度过了下午和晚上。第二天早上，他骑马离开的时候，已经为她的魅力所俘获了。

乔治·华盛顿和玛莎·柯蒂斯于 1759 年 1 月 6 日结婚。婚后，两人过着非常幸福的生活。每当他在重要时刻需要她在场的时候，她都会相伴左右，而他更是对她呵护有加，直至生命的尽头。

有好几年，华盛顿都过着乡绅的生活。他非常喜欢马匹和猎犬，常常带着它们出去猎狐。但是，像美洲殖民地的其他人一样，他也深受英国国王和他的政府的所作所为带来的不公正的困扰。

英国议会下令，所有运往纽约、波士顿和殖民地其他港口的茶叶都必须缴税。由于殖民地居民在议会中没有代表，他们感觉自己就不应该被征税。当一船的茶叶到达波士顿的时候，许多市民登上那艘船，将成箱的茶叶扔进了海港里。这就是著名的"波士顿倾茶事件"。

华盛顿痛恨茶税，他和他的朋友拒绝购买任何从英国进口的货物。在一次代表大会上，来自各个殖民地的人们聚在一起共同商议接下来该怎么做。他们给英国国王写了一封信，恳求他们可以拥有与那些在英国出生的国民一样的权利。

在英国议会中，有许多人说，殖民地居民的要求是对的，应该得到满足。在这些人里面，就有威廉·皮特，匹兹堡市就是当地人为了纪念他而命名的。但是，议会却非常固执，殖民地居民发现要想获取他们的权利，除了奋起反抗之外，不可能会再有别的办法了。因此，他们拿起了武器，为自由而开始一场伟大的斗争。

殖民地的代表大会招募了一支军队，华盛顿被委任为这支军队的总司令。

英国的军队早已被派过来同殖民地的人们作战。在华盛顿骑马

签署《独立宣言》

从弗农山庄赶往马萨诸塞州的坎布里奇的时候，人们告诉他，英国军队和殖民地民兵之间已经爆发了一场战斗。

他的问题是"民兵参与战斗了吗？"，答案是"参与了"。"那么，"华盛顿说，"这个国家的自由就有希望了。"

刚一到达坎布里奇，华盛顿立刻就承担起指挥的重任。虽然英国人占据着波士顿城，但是华盛顿却下定决心要拿下它。

在3月一个寒冷的夜里，他加强了一座控制那座城市的小山的防御工事。从小山的防御工事上，他发射了一阵子密集的枪弹，这使得英国统帅认为，波士顿不是一个安全的据守之地，因此他就乘船撤走了，那座城市就这样落入了华盛顿的手中。

对殖民地的人民而言，这就是一场重要的胜利，他们受到了极大的鼓舞。1776年7月4日，代表大会宣布殖民地不再隶属于英国，它们是自由和独立的。

一支英国舰队和军队从英国赶来夺取纽约。他们在长岛登陆，然后同殖民地军队开战，结果，殖民地军队一败涂地。

　　战后，英国军队休整了好几天。其间，华盛顿率领殖民地军队穿越伊斯特河，行经纽约和哈莱姆到达白原地区。在那里，他们开挖战壕，修建起一些粗糙的防护墙，等待着英军的进攻。

　　英军统帅犹豫着在这个有利的位置向他们发动了进攻，不久，华盛顿就穿越哈德逊河进入新泽西。

　　对所有为自由和独立而战的人来说，这些日子过得相当艰难。有好几次，华盛顿仅仅靠迅速地从一个地方向另一个地方撤退才挽救了他的军队。

　　1777 年圣诞节，英军主力正在纽约的冬季营房里，新泽西的普林斯顿和特伦顿两座城镇也在他们的掌握之中。华盛顿决心对他们开展一次突击行动。

　　他在漂浮的冰块中穿越特拉华，在夹杂着雪花的暴风雨中向特伦顿城开去，将其占领。他在普林斯顿也获得了成功，普鲁士最为著名的战士腓特烈大帝曾经宣称："华盛顿在特伦顿和普林

华盛顿穿过特拉华河

斯顿获取的胜利是 18 世纪最为辉煌的胜利。"

接下来，他在新泽西的蒙默斯赢得了一场重要胜利，此后，战局逐渐有利起来。

本杰明·富兰克林（1706-1790 年，美国的实业家、科学家、社会活动家、思想家、文学家和外交家）当时正在巴黎，他说服法国政府帮助他的同胞。因此，一支法国舰队和一支陆军开了过来，给予美国人的事业以很大的帮助。

一位年轻的法国贵族拉法耶特侯爵已经来到这个国家，加入了殖民地的军队。华盛顿非常钦佩他，让他做了陆军少将。他是一个勇敢的人，一个才华横溢的战士，美国人民会永远亲切地记住他的名字。

1781 年，一个英国主力师在康沃利斯勋爵的率领下，驻守在弗吉尼亚的约克镇。

法国盟军刚一赶到，华盛顿就去拜见了舰队的司令，双方达成协议，同意两军联合起来共同向康沃利斯发动进攻。法国舰队向约克镇驶去，两军在陆地上向其逼近，不久，它就被严严实实地包围起来。

约克镇的英国军被严密围困，康沃利斯被迫投降。这次胜利具有决定性的意义，战争也因此得以结束。

同英国的和平协议达成后，华盛顿返回他弗农山庄美丽的家中。他想在那里安闲地度过余生。但是，这个国家仍然需要他的帮助。

虽然我们的国家被称作"美利坚合众国"，但是，这些地方实际上并没有联合起来。它们之所以会加入反抗英国的战争，是因为都面临着相同

华盛顿与拉法耶特在弗农山庄

的危险。等危险解除了，它们内部就开始产生纷争。

这儿共有13个独立的州，虽然每一个都有自己的州长，但是，州长之上却没有一个全国性的总统。

事实上，国家还不存在，当然了，也没有宪法可言。华盛顿说，应该有一个联邦，使所有的州在和平时期也能像在战争时期一样团结一致。

大部分人都具有和他一样的感受。因此，1789 年，一部宪法被起草了出来，并获得了各州的正式通过。

宪法规定，应该有一位民选的总统来管理国家事务。法律一经被制定出来，各州都应该予以遵守，这些法律应该由国会和总统负责制定。

宪法获得正式通过之后，接着就举行了一次选举，作为他同胞的一致人选，乔治·华盛顿成了美利坚合众国的第一任总统。

随后，纽约被定为国家的首都，被选为总统后，华盛顿就住到了那里。他从弗农山庄到纽约的旅行就是一次漫长的最终获得

华盛顿宣誓就职

胜利的征途。

国会随后在华尔街的一座大厅内举行会议，在那座大厅前面，华盛顿进行了宣誓，表示会忠诚地为国家服务并遵守宪法。

众多的人聚集在一起共同见证了这一仪式，仪式完毕，他们大喊道"愿上帝保佑合众国的总统乔治·华盛顿"。紧接着，钟声响起，大炮轰鸣，整个国家一片欢腾。

华盛顿的工作非常出色，任期结束后，他又顺理成章地得以连任。如果不是他婉拒了人们的盛情，他们会第三次选举他为美国总统。

他写了一份"致美国人民的告别演说"，然后就回到了弗吉尼亚，生活在弗农山庄静谧的景色中，享受着应得的休闲。

不觉间近三年的时间过去了，1799 年 12 月，他在一个夹杂着冰雪的暴风雨天气中骑马去他农场的时候，患了严重的感冒。他的身体急剧衰退，两天后，国父乔治·华盛顿溘然长逝。

他被安葬在了弗农山庄。整个国家都为失去了它的国父和朋友感到无比的悲痛，全世界也为一位大英雄的离去而伤心不已。

第二十六章　罗伯斯庇尔

美国独立战争使 13 块殖民地从乔治三世的专制统治下解放了出来，几年之后，法国大革命爆发了。

这也是一场反对专制统治的斗争，美国人情不自禁地同情法国人，因为几代人以来，他们的正当权益一直被剥夺。

罗伯斯庇尔

法国大革命的重要领袖人物之一是罗伯斯庇尔。他于 1758 年 5 月 6 日出生在法国的阿拉斯。9 岁的时候，他成了孤儿。通过一位认识他父亲的热心肠主教的善行，他在自己家乡小镇的一所学校获得了早期教育。

随后，他进入了巴黎的路易勒格朗学院学习。他是一位非常聪明的学生，路易十六（生于 1754 年，1774-1793 年在位）进入巴黎，开始其统治的时候，罗伯斯庇尔还被他的同学投票选出，向路易十六致了欢迎词。

他在 1781 年大学毕业后，即被招进法院做起了律师，但是由于不愿意宣读死刑判决而辞职。尽管如此，据说他在孩童时代就非常残忍，此外，他还喜欢用残忍的小手段，给他人制造痛苦，并从中取乐。

在他早期的生活中，他给人的感觉是非常仇恨那些富有和身居高位的人。作为年轻人，他热衷于谈论大量的下层阶级的权利和上层阶级错误行为的问题。他宣称，导致如此众多错误的权力应该被从国王和他的贵族那里剥夺。

法国的穷苦人喜欢听到这样的谈论，因为他们拥有如此抱怨的正当理由。他们中的很多人开始把罗伯斯庇尔看作自己权利的捍卫者，并对他能够帮助他们的能力产生很大的信心。

革命者开始考虑，纠正统治阶层错误的唯一办法就是让国王路易十六死去。正如一百五十年前英国的克伦威尔和他的朋友们相信的那样，只有通过查理一世的死，人民才能获得他们的权利。

罗伯斯庇尔打定主意，国王应该被执行死刑。他发表了一次演讲，在演讲中他提到，如果没有国王，法国的情况会更好。接着，他继续说，只要路易被除掉，这个国家还会再度幸福和繁荣起来，而除掉他的唯一方式就是将他处以死刑。

议会的大多数成员认为，国王这个人是神圣的，如果他被处以死刑，上帝的诅咒就会降临到要了他性命的人身上。罗伯斯庇尔大胆地否认了这一观点，人们都为他的言论感到振奋。他们称他为"不可腐蚀的人"，对他的喜爱几乎达到了崇拜的地步。

　　一天，当他离开开会的议会大厅的时候，他们将一个用橡树叶做的王冠戴在他的头上，并把他的马从马车上卸下套具，把他拉回自己家里。从街上经过的时候，他们大喊道："请看看人民的朋友！请看看自由的拥护者！"

　　革命者召集了一支他们自己的军队，并在王宫周围设置警卫，使国王成为囚徒。然后，他们把他带上审判席，指控他是其统治期间法国人民遭受的各种苦难的根源。

　　虽然有三位优秀的律师受雇为路易十六辩护，并为他做了强有力的发言，但是一切都于事无补，1793 年 1 月 16 日，这个伪法庭判处他死刑。

　　路易十六死后，罗伯斯庇尔成了法国的绝对主人。他非常残忍，他统治法国的时期被称作"恐怖时期（1793-1794 年）"。人们很害怕，他们在早上起床的时候，会担心在白天的某个时候被砍头。当他们入睡的时候也很担心，唯恐在睡觉的时候，暗杀者会进入他们的房间将其杀死。

　　根据可靠消息，罗伯斯庇尔统治期间，每天被处以死刑的人大约有 30 个。

　　过了一段时间，人们开始明白，他们的情况并没有随着路易十六的死去而得到改善。事实上，每个在巴黎的人都过得非常不开心，一些心直口快的人甚至会说，他们在罗伯斯庇尔的统治下过得比在路易十六时期还要悲惨。

　　由于罗伯斯庇尔教会了人们，对统治者施以死刑是治疗他们痛苦的最好办法，很多人开始考虑，如果罗伯斯庇尔自己被处决，对法国来说，就再好不过了。

将罗伯斯庇尔带至审判席的密谋已经筹划完毕，一天，一位大胆的发言者在全体会议上站了起来，公然对他的残忍进行指责。

罗伯斯庇尔也从椅子上站了起来，打算为自己辩护。但是，大厅内立刻就充满了"暴君下台！暴君下台！"的喊叫声。他便惊慌失措地从那座建筑里逃了出来。

过了一会儿，他就被全体会议的官员包围。当他们将要抓住他的时候，他试图用手枪指向自己的头以自杀，但是子弹只是击碎了他的下颚骨。

他和他的 20 位朋友在同一天内被捕，并被执行了死刑。

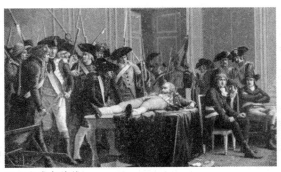

罗伯斯庇尔被捕

第二十七章 拿破仑·波拿巴

拿破仑·波拿巴生命中的前十年是在科西嘉岛上的阿雅克肖度过的。10 岁的时候，他被送进了一所军事学校。16 岁的时候，他正式参军入伍。

法国被宣布成为法兰西共和国的时候，他站在了革命者的一边。可是，一些巴黎人不大喜欢共和国这种想法，他们中大约有 4 万人穿过街道向杜伊勒里宫（巴黎旧王宫，现为公园）发起了攻击，那里是国民公会的所在地。

当国民公会获悉，将有人向他们发动攻击的时候，他们便做好准备，进行抵抗。不过，他们虽然拥有自己的军队，但是还缺少一位指挥官。

其中一位了解拿破仑的代表说："我刚好认识你们想要的这个人。他是一位来自科西嘉的下级军官，不会讲什么客套。"

就这样，拿破仑被请了过来，做了指挥官。他把他们的军队带了出去，打死或打伤了许多保皇党人，剩下的保皇党人都逃跑了。他很好地完成了任务，国民公会立刻委任他以更高的职位。

一支被派去进攻驻扎在意大利北部的奥地利人的法国军队，交给他来指挥。当时士兵们非常不满，因为他们的薪水被拖欠了。拿破仑对他们说："我会率

拿破仑在布里埃纳的学校

领你们进入太阳能够照到的最为富饶的地方。富裕的省份和重要的城市就是对你们的奖励。"

　　奥地利人当时驻扎在阿达河河岸上一座叫作洛迪的城镇附近，一座桥横穿阿达河延伸到了城里。而这座桥首先就被占领了。接着，拿破仑和拉纳将军进行了一次非常精彩的冲锋，将这座城镇夺了过来。

　　四天后，拿破仑进入了米兰，强迫那座富有的城市支付他将近400万美元。曼图亚也被夺了过来，王公贵族的宫殿被洗劫一空。

　　当法国和奥地利达成和平协议的时候，奥地利不仅被迫交出了比利时、科孚岛和爱奥尼亚群岛，而且还释放了囚禁在奥地利监狱中的拉法耶特将军和其他法国人。

　　在法国的帮助下，瑞士、那不勒斯和罗马也建立了共和国。接着，拿破仑说："如果我的声音有影响力的话，英国不会有一个小时的休战，直至她被摧毁。"

　　不过，他要进行的下一场战役却是在埃及，虽然拿破仑指挥

法军在陆地上大获全胜，但是他的舰队被英军指挥官纳尔逊完全摧毁了，这使得法军士兵指望乘船回国的愿望成了泡影。为此，拿破仑在留下 1.5 万人的军队把守埃及后，又率领着军队的其余人员向巴勒斯坦挺进。

他成功地对雅法发起了进攻。接着，他继续往北向阿卡挺进，这个地方当时由土耳其人驻守。在对这座城镇实施了六十多天的包围之后，他被迫撤退。

后来，拿破仑返回了埃及，他发现一大批土耳其军队正要进攻他留在那里的军队。不过，仅仅通过一次战役，他就征服了他们，不久就急忙赶回了法国，回国后，他受到了人们的热烈欢迎，成了军队的偶像。

在当时，法国由被称作"督政府"或者法兰西执政团的 5 个人管理着。此外，还有个"五百人议会"，这是一个就像我们的众议院的机构。

拿破仑在埃及

督政府解散后，鉴于"五百人议会"中的许多人都不喜欢他，拿破仑索性把他们赶了出去。

拿破仑和两个同伴随后以执政官的名义成了法国的统治者，虽然他以"第一执政官"著称，却是法国的真正统治者。

成为第一执政官后，拿破仑最先做的事情之一就是给英国国王乔治三世写了一封信，他在信中建议英国和法国进行和解。对此，英国政府回复说，如果法国渴望同其他欧洲强国和解的话，她需要做的也是最容易做的事情就是恢复王室的王位。

后来，拿破仑对意大利发起了著名的进攻，后者在他在埃及的时候就不再属于法国。

6 万人受命穿越阿尔卑斯山。他们通过 4 个不同关口进入，然后在意大利集结。大炮被士兵们从雪地上拖着走，有时候，搬运一尊大型单管火炮就需要 100 个人。

他们经过圣伯纳德修道院，然后进入了意大利。双方在马伦戈展开了一场恶战，在一次局部失利后，法军再次赢得了这场战争。

虽然征服者耀武扬威地返回了国内，但是他的敌人却试图通过在他马车下引爆大量火药来暗杀他。所幸的是，在爆炸发生之前，马车安全地通过，躲过了一劫。

这次事件促使他被授予更大的权力，拿破仑从那时起就被认为是法国的皇帝了。

1801 年，即马伦戈之战胜利后的一年，英国军队在埃及登陆，只经过一次持续时间很短的战役，就把法国军队驱逐出了那个国家。

　　当拿破仑听到埃及失守的消息时，他说："好啊！看来只有对英国发动袭击了。"不久，一支16万人的军队就准备好入侵英国了。

　　大量的平底船准备运送这支军队穿过英吉利海峡。但是纳尔逊勋爵正在日夜不停地守卫着英国的海岸线。拿破仑知道，纳尔逊的大炮不久就会击沉他的船只，因此，为了避免不必要的损失，双方在1802年签署了一项和平协议，同英国的战争再一次被推迟。

　　拿破仑同路易十六一样，也是一个著名的专制统治者，他在国外和在国内一样，都是尽其所能地专横跋扈。意大利北部的人民被他在洛迪、曼图亚和马伦戈的胜利所慑服，便允许他剥夺了他们的独立并将他们的地方变成法国的一个省。他在对待瑞士时也采取了相同的方式。

拿破仑身穿加冕长袍

　　法国同英国之间的和平仅仅维持了一年，接着，拿破仑再次为发动入侵做准备。虽然有一大批军队在法国和荷兰沿岸集结，但是，法国军队再一次因为纳尔逊的警觉而未敢贸然采取行动。

　　1804年5月18日，皇帝和皇后的加冕礼在当时是一件盛事，法国人民看起来对他们的新统治者非常满意。

数月之后，拿破仑去了米兰，在那里，他戴上查理曼大帝著名的铁制王冠自封为"意大利国王"。这种行为惹怒了奥地利人和俄国人，俄国和英国成了奥地利的盟友。

拿破仑在耶拿战役中

拿破仑继续发动战争，直至他的名字令人闻风丧胆，他在奥斯德立兹获得重要胜利之后，人们对他是越来越害怕了。在与普鲁士军队交战的耶拿战役中，他再一次获胜，这使他忘乎所以，仿佛自己就是全世界的主人。

他同妻子约瑟芬离婚后，又娶了奥地利皇帝的女儿玛丽·路易丝。

同俄国的麻烦再次产生，虽然拿破仑的顾问们竭力劝说他不要同俄国开战，但是他说："欧洲国家必须逐渐融化成一个国家，巴黎应该是这个国家的首都。"

俄国军队的规模只有法国军队规模的一半左右。通过一系列精心安排的诱敌和撤退，他们把拿破仑和他的军队引诱至俄国的心腹之地。

接近莫斯科的时候，双方激战了一整天，但是却没有任何一方能够声称获得胜利。至第二天早上，俄国军队却一下子消失了，法国军队因此得以轻易地进入了莫斯科城，并对它实施劫掠。不过，城里有好多地方都起了火，加上正值可怕的俄国寒冬来临，拿破仑被迫从城中撤离。

当法国军队进入莫斯科的时候，点名时还有超过 10 万人的士兵答到。可是，当他们返回法国的时候，却只有 1.2 万人还活着。人们都说："拿破仑的好运被埋葬在了俄国的冰雪下面。"

英国、俄国、普鲁士、瑞典和奥地利当时都向他宣战。他在莱比锡被打败，再一次被赶回了法国。联军对他穷追不舍，他们不仅夺取了巴黎，迫使他退位，还把路易十八（生于 1755 年，1815-1824 年在位）扶上了王位。拿破仑被放逐到地中海上一座叫厄尔巴岛的小岛上。

路易十八试图像他的哥哥在大革命前那样实行专制统治，这使法国人民再一次心怀不满。因此，当消息传来，说拿破仑从厄尔巴岛上逃脱并来到法国本土的时候，整个国家都爆发了超乎想象的欢呼，拿破仑又一次成了皇帝。

他率军挺入了比利时，在那里打了他的最后一仗。虽然他拥有一支精良的军队，但是，英国和普鲁士的将军——威灵顿（1769-1852 年）和布吕歇尔（1742-1819 年）——的军队的装备也毫不逊色。

拿破仑设法将军队插入了英国和普鲁士两军之间。他先是在 6 月 16 日打败了普鲁士军队，接着却转而为英军所打败。然后，在滑铁卢高地，决定性的战役于 1815 年 6 月 18 日打响了。

交战双方都以大无畏的英勇气概参与了战斗。在英军前方是一条低于地面的道路，此路就像一条壕沟嵌进了小山里，英军就借助树篱的遮掩，隐蔽了起来。

3500 名法国骑兵一行行地骑着马猛冲进这条壕沟，幸存者被迫骑马越过他们正在挣扎的同胞的身体。

接着，英国人就排起他们固若金汤的队伍，用他们锋利的刺刀迎接法军的冲锋，同时，还向对方七零八落的队伍放了一把大火。

在下午大约 5 点钟的时候，布吕歇尔率领队伍出现了，并将他的军队同威灵顿的军队合兵一处。虽然拿破仑著名的"帝国卫队"发起了威灵顿本人都认为是"精彩的"冲锋，但是，法军却在战斗中陷入了一片混乱，威灵顿获得了胜利。

一个月后，拿破仑登上了英国军舰"柏勒罗丰号"的甲板，亲自向船长投降。他随后被英国人带到了大西洋上一座叫作圣赫

拿破仑登上"柏勒罗丰号"

勒拿岛的小岛上，并以囚犯的身份关押在那里，直至 1821 年去世。

1840 年，法国政府要求英国政府允许他们将他的遗体带回法国。

在巴黎，遗体为法国当时的国王路易·菲利普（即路易·菲利普一世，1830-1848 年在位）接收。当送葬队伍经过的时候，有超过 5 万人聚集在街道上，3 万人出席了葬礼仪式，仪式结束时，还有 300 人一起为他唱了一首安魂曲。

第二十八章　霍雷肖·纳尔逊

　　霍雷肖·纳尔逊出生于 1758 年。12 岁的时候，他恳求一位叫萨克林的舅舅准许带他出海航行，但是他这位舅舅当年却没有出航，而让一位朋友负责带他去了西印度群岛。

　　这个时候，这位年轻的船员只是刚刚知道船上每一根绳子的名字及其用途不久。他能够"依次背出罗盘的 32 个方位"，也就是说，来回地重复所有 32 个罗盘点，可以说出船正在向哪个方向航行。当他返回英国的时候，他比之前更加喜欢航海了。

　　回家后一段时间，他听说有两艘海军的船打算到北极去，便设法获得准许，同他们一起前往。

　　在向北航行了很久以后，两艘船因无风可借，只得停了下来。天气变得非常寒冷，他们为巨大的冰块所围困。

　　一天晚上，他们在冰面上完全被冻住以后，纳尔逊和一位伙伴偷偷从他们的船上跑出，去攻击一头巨大的北极熊。很快，他们就迷路了，尽管他们就在离船只不远的地方，但是雾太大了，甲板上的人根本就看不见他们。船长变得担心起来，向他们发射了返回的信号弹，极为失望的纳尔逊就这样回到了船上。

幸运的是，不久就刮起了东风，一股水流将他们带至未被冰块覆盖的水面上。终于，他们再一次看到了"阔别很久的英国"。

纳尔逊下一次出海航行的目的地是东印度群岛，他航行了大约十八个月才到达那里。他适应不了那里炎热的气候，最终被送回了国内。但是，航行使他的健康状况得到了极大改善，当他到达英国的时候，就准备着再次出海航行了。

那时候，西班牙人声称，中南美洲都是他们的领土。英国同西班牙处于交战状态。因此，有人提出一项计划，建议夺取南美洲的一块地方，正是在那里，开凿了一条连接大西洋和太平洋的大运河。

西班牙人在当地拥有两座港口，纳尔逊被派去夺取它们。当他靠近其中一座港口的时候，便纵身一跃从船上跳到了岸上。地面非常松软，以至于他的身体都陷进去不少，一双鞋子也落在了里面。但是，这并没有阻止他的行动。他光着脚，率领他的人继续前进，夺取了一座港口。另一座不久也被夺了过来。但是，那个地区的气候比西班牙人的枪炮更致命，纳尔逊被迫请病假返回了英国。

休养了三个月后，他又可以继续航行了。后来，他被派遣到"阿尔伯马尔号"上工作，这是一艘装备有28门大炮的战船。正是这个时候，乔治三世试图征服美利坚的殖民地，纳尔逊被派去在加拿大和新英格兰海域巡航。

　　英军在约克镇投降后，纳尔逊给家里写了一封信，说："虽然我时运不佳，结束了战争，但是，这并没有在我的性格上留下污点。"

　　路易十六被执行死刑后，英国，正像我们所说的，同法国处于战争状态，纳尔逊被任命为"阿伽门农号"的指挥官，这是一艘装备有 64 门大炮的战船。

　　大约在这个时候，法国军队占领了科西嘉这座小岛，拿破仑就出生在这里。他们在一座叫作卡尔维的建有防御工事的城镇布置了守备部队，英军对这座城镇实施了包围。"阿伽门农号"受命对地面部队施以援手，因此纳尔逊就带领他的人和大炮上岸，参与了在陆地上的战斗。

　　卡尔维被夺了过来，科西嘉也被并入了英国。不过，对于纳尔逊来说，这场战役被证明是一次严重的事情。一颗炮弹落在了他附近的地面上，扬起的沙子和碎石溅入了他的一只眼睛里。起初，他想这不会造成太大的伤害，但是他这只眼睛却因此失明了。

　　此后不久，纳尔逊的上级舰队司令获悉，一支搭载了 1.6 万多人的、由 22 艘战船组成的法国舰队就处在不远的地方。相比之下，英国舰队只有 15 艘战船，人数也只有法国的一半。然而，当他们一看到法国舰队的时候，便立即对它们进行了驱逐。

　　装备有 64 门大炮的"阿伽门农号"尾随着法国的一艘叫作"卡伊拉号"的装备有 84 门大炮的护卫舰。纳尔逊的战船属于孤军行动，因为英国舰队的其他战船离他们都有好几英里远。在"卡伊拉号"附近还有 3 艘装备有 130 门大炮的其他法国战船。

　　纳尔逊距离那艘大型战船更近了，当在它正后方大约还有 100 码的时候，他突然下令把舵转向右侧，发射了他全部的舷侧炮。接着，他又命令将舵使劲左转并处在了法国人的正后方，当他靠近它们的时候，他又转向，再次发射了他全部的舷侧炮。

　　在两小时二十五分钟的时间内，他如此重复了多次，总是保持在敌人大炮的射程之外。但是，更多的其他法国战舰出现了，他担心寡不敌众，就选择撤离，加入了英国的舰队。

　　第二天早上，在离他们大约 5 英里远的地方法国舰队再次被发现。但是"卡伊拉号"已经遭受了重创，被其他的船只牵引着，两者之间保持着大约 3 英里半的距离。

　　纳尔逊向"卡伊拉号"和牵引它的战船同时发动了进攻。法军虽然作战勇敢，但是，无奈"阿伽门农号"的大炮射击非常精准，致使两艘法国战船上损失了大约 300 人。接着，两艘船都降下了它们的船旗，选择了投降。

　　西班牙当时是法国的盟国，也在同英国交战。纳尔逊攻击了一艘西班牙护卫舰，制服了护卫舰后，就把他的舰长带到了他的船上。

　　接着，又有 4 艘西班牙战船出现在了视线内，纳尔逊谨慎地撤离了。刚一到海港，他就释放了西班牙舰长，将他送到了他打着休战旗帜的朋友们那里。

　　此后不久，英国舰队的 19 艘战船都被用信号告知整夜都要保持战斗队形。在黎明时分，一支由 38 艘战船组成的西班牙舰队出现在了视线之内。约翰·杰维斯爵士发现它们非常分散，就下令英国战船开到它们中间，再次向它们发动进攻。纳尔逊唯恐西班牙战船逃跑，便迅速与装备有大约 600 门大炮的 7 艘西班牙战船同时开战。

幸运的是，有两艘英国战船赶来增援，但这两艘战船都被西班牙人发射的炮弹给毁坏了。但是，纳尔逊最终设法控制了一艘命名为"圣尼古拉斯号"的西班牙战船，然后他和他的人登上了它的甲板。

西班牙军官躲避到了船舱里，并通过窗户向登上船的人射击。但是，纳尔逊破门而入，西班牙人只得投降，将他们的剑交给了纳尔逊。

另一艘命名为"圣约瑟夫号"的西班牙战舰离"圣尼古拉斯号"很近，英军在纳尔逊的率领下迫使其投降。

由于他的大无畏精神，纳尔逊获得了"巴斯骑士"的封号，他也因此成了霍雷肖·纳尔逊爵士。

他的下一个冒险便是进攻

纳尔逊登上"圣尼古拉斯号"

西属加那利群岛的特拉里夫岛，在那里，他的右臂因受到严重损伤而被迫切除。

康复后，他再次成为指挥官。他的战舰是"先锋号"。拿破仑正在为远征埃及做准备。纳尔逊航行着搜寻法国舰队的踪迹，并在尼罗河大战中打败了它们。

在交战中，他再次负伤，但不像起初认为的那么严重。

战斗结束后，他返回了英国。当他进入雅茅斯港的时候，每一艘在港口内的船只都升起了船旗。在伦敦，他骑着马被牵着耀武扬威地穿过大街小巷，还被市议会授予了一把饰有钻石的金柄宝剑。

拿破仑当时正处于权力巅峰。丹麦、瑞典、俄国同法国结成了同盟，试图从英国手中夺取她的领海权。充满敌意的舰队在哥本哈根相遇。英国舰队的部分战舰由纳尔逊指挥。战斗打响的时候，舰队总司令就在不远的地方。

考虑到战斗对他们越来越不利，总司令发出了停止开火的信号，纳尔逊战船的信号官发现了舰队司令的信号，报告给了纳尔逊。

纳尔逊把望远镜戴在他失明的眼睛上，朝着舰队司令的战舰张望，说："我实在是没看到信号。让我们全力以赴，实施近战。"

不久，许多丹麦的战船的桅顶上飘起了白色的旗帜。虽然纳尔逊没有服从命令，但是他赢得了胜利，敌人的舰队丧失了作战能力。

纳尔逊在特拉法尔加海战中

　　1804 年，法国引诱西班牙与她一起参与反对英国的战争，一支由法国和西班牙组成的联合舰队前往西印度群岛，向英军发起进攻并夺取了那里。但是，它们在返回欧洲的时候，纳尔逊获悉它们就停泊在加的斯港，便前去寻找战机。

　　他到达后不久，负责警戒的一艘护卫舰就发出信号，法国和西班牙舰队正在驶出港口。

　　在他们进入战斗之前，纳尔逊写了脍炙人口的祈祷词和他最后的愿望。接着，他下令将著名的信号发给整个舰队："英国期待着每个人都能恪尽职守。"

　　法军的一艘战舰上有一些蒂罗尔人步枪兵，一颗从他们步枪（又称来复枪）中射出的子弹击中了纳尔逊的肩膀。他应声倒下。当被扶起的时候，他对他的船长说："他们最终还是伤到了我，哈代。我的脊椎被射穿了。"他知道他受的是致命伤，当被抬至驾驶舱的时候，他告诉军医去照顾其他人。"因为，"他说，"我的伤你已经无能为力了。"

他受伤后大约一个小时，船长哈代来看他。"你好，哈代，"他说，"我们今天的战况如何？""非常好，"哈代说，"10 艘战船都发动了进攻。"不满一小时后，船长又返了回来，他握着纳尔逊的手，恭贺他大获全胜。

很快，这个垂死的人说："亲亲我吧，哈代。"哈代跪下身来，亲了亲他的脸颊。纳尔逊说："现在，我很满意。感谢上帝，我已经尽了我应尽的义务。"这些话他重复了好几次，成了他的遗言。

就这样，1805 年 10 月 21 日，纳尔逊海军上将，或许是最伟大的英国海军指挥官在特拉法尔加湾他的爱船"胜利号"上去世了。

他的遗体被运回了英国，并以盛大而隆重的仪式安葬在伦敦的圣保罗大教堂内。

第二十九章　赛迪斯·科修斯科

美国人民会永远记住波兰爱国者赛迪斯·科修斯科。在青年时期，他是一帮热爱自由、前来美国帮助其爱国者从事争取独立斗争的外国贵族之一。

科修斯科 1746 年出生于波兰。在欧洲最好的军事学校进行长期和全面的学习后，他在波兰军队中担任上尉。当美国独立战争爆发的时候，他决心积极参与其中。于是，他来到美国，找到美国军队总司令华盛顿将军。

"将军，"当他站在华盛顿面前的时候，说，"我自愿前来，为美国的独立而战。"

"我们衷心地欢迎您的到来，上尉，"华盛顿热情地握着科修斯科的手，回答，"爱国事业需要每一位乐意帮助它的人来提供帮助。您能做什么呢？"

"考验我吧。"科修斯科谦虚地说。

华盛顿笑了。"我会考验您的，上尉，"他诚恳地说，"我毫不怀疑，您将会发挥重要的作用。"

科修斯科

科修斯科被任命为工程师上校，不久，他就在建造防御工事方面展示了自己的才华，以此说明他能够为美国军队提供有价值的服务。 接下来，他成了华盛顿的参谋人员之一，在这位伟大的指挥官手下工作了一段时间。

"据我所知，还没有人会像他一样更好或者更加忠实地从事工作，"一次，当谈及科修斯科作为参谋人员的工作的时候，华盛顿说，"他果断、勤奋、满腔热情，与此同时，他还受过良好教育，掌握着很多技能。我几乎就是把他当作一个小兄弟来看待的，在最为重要的计划上，我也充分信任他。"

战争快要结束的时候，科修斯科因为自己的英勇行为，受到了大陆会议的公开致谢。他被任命为准将，并在数月内指挥了美国军队中一支庞大的军事力量。

独立战争结束的时候，科修斯科回到了波兰，很为参加了美国的爱国斗争感到骄傲。他的同胞满怀热情地欢迎其回国。后来，他被任命为波兰军队的少将。

1791 年，波兰被迫抵御俄国和普鲁士的入侵。科修斯科参加了战争。有两次，他凭借着灵活的指挥，使波兰军队避免了全军覆没的厄运。

杜边卡一战，他率领大约 4000 人牵制了 2 万人的俄国兵力，并在没有造成太大损失的情况下，完成了撤退。从整体上看，波兰士兵的数量远远少于俄国士兵的数量，虽然他们作战勇敢，但是，他们还是完全被对方给征服了。俄国和普鲁士吞并了波兰的大片国土。

这次吞并行为就是众所周知的第二次瓜分波兰。第一次瓜分发生在二十年前，当时，奥地利、俄国和普鲁士每个国家都从这个小王国攫取了一部分领土。

1794 年，波兰人民为大片国土的丧失感到愤怒，他们再次拿起了武器。

不甘心受俄国人奴役的波兰爱国者秘密地筹划了一次起义活动，在 1794 年春天一个特定的日子里，科修斯科突然现身克拉科夫市。

"俄国人必须被从波兰驱逐出去，他们不应再统治我们的大好河山，"科修斯科对他应召前来的同胞说，"如果奋起反抗，我们就能摆脱俄国人的奴役，重获自由。"

波兰人匆忙地武装起自己，许多人手里除了大柄镰刀外，别无他物，接着就前去进攻俄国军队。经过激烈交锋，敌人被赶出了克拉科夫。

科修斯科在雷克拉怀斯

一周后，在雷克拉怀斯，一支由科修斯科率领的 5000 人波兰军队彻底打垮了俄国的一支重要武装力量，并满怀喜悦地返回了克拉科夫。反抗持续了好几个月，也获得了一些成功。

1794 年 10 月 10 日，一支庞大的俄国军队前来镇压波兰起义者。爱国者的军队数量太少，只有区区 4000 人，根本不是俄国人的对手。因此，波兰人不仅为俄军所败，而且损失惨重。奋不顾身参加战斗的科修斯科也从战马上跌下来，受了重伤。

他成了俄国人的俘虏，并被带往圣彼得堡，在那里，他被严格监禁。俄国将军苏瓦洛夫攻占了华沙，波兰王国的命运走到了尽头。俄国、普鲁士和奥地利将波兰剩余的国土瓜分殆尽。

科修斯科在俄国被关押两年后，沙皇又给了他自由。"虽然您是俄国的敌人，"沙皇对他说，"但是，您已经展示了极大的英雄主义，我非常欣赏勇敢的人。"

看到科修斯科没有剑，沙皇就赐给了他一把。

"我不需要剑，"科修斯科说，"我没有国家可以保卫了。"

从俄国监狱释放出来后，科修斯科立即去了英国，然后来到了美国。美国人民以极高的荣誉接待了他，国会还为他拨付了一笔不菲的退休金以表彰他在独立战争期间所做的贡献。

几年后，他又移居法国。在晚年，他再次移居瑞士，并在那里从事农事活动。

1817 年，他坠马而死。

他的遗体被运回克拉科夫，埋葬在其他波兰爱国者坟墓附近的一座大教堂内。

　　葬礼过后，波兰人民从他为波兰战斗的每一处战场取回一些泥土，用它们在克拉科夫附近堆起一座巨大的坟墓，有150英尺高，以纪念他们的英雄。

第三十章　亚伯拉罕·林肯

　　亚伯拉罕·林肯是美国第十六任总统，他出生于一个贫困的家庭，青少年时代就经历了各种磨难和艰辛。

　　他的父亲托马斯·林肯是肯塔基州的一位拓荒农民，亚伯拉罕·林肯1809年2月12日出生在那里的一间非常简陋的小木屋里。

　　他的母亲叫南希，是约瑟夫·汉克斯的女儿。他是林肯家的一位邻居，也是一个靠土地谋生的人。亚伯拉罕还有一个姐姐，但是，有关她的记载很少。

　　由于他们在肯塔基州实在待不下去了，亚伯拉罕的父亲就带领家人迁往印第安纳州，在皮金溪的丛林中建造了一间木屋。在这里，林肯度过了他童年的大部分时间。

　　1818年，林肯夫人死了，亚伯拉罕·林肯就成了一个失去母亲的孩子。

　　十八个月后，他父亲娶了萨拉·布什·约翰斯顿夫人，一个他们在肯塔基州时寡居的邻居。她是个善良的女人，对待亚伯拉罕就像自己的孩子一样。

亚伯拉罕·林肯对他的这位继母形成了很强的依赖心理，并且这伴随他的一生。实际上，她能够为他做的，比他的生母做的还要多。他不仅在穿着和饮食方面

亚伯拉罕·林肯出生的小木屋

有了较大的改善，还在受教育上获得了极大的帮助。

在他 10 岁的时候，就开始帮助父亲艰辛地开垦土地，把一小片丛林变成了一处农场。他几乎没上过学。后来，他说，他在少年时代上学的时间不超过六个月。

他用一根烧成炭的木棍在木板上练习写字。在他的家中，除了一本圣经、一册教义问答和一本拼写课本外，就再也没有别的书了。

但是，他愿意走好几英里的路去借一本书，但凡自己能找到的一切印刷品，他都读得非常仔细。就这样，他积累了大量的对他精彩的事业非常有用的信息。

16 岁的时候，他的身高几乎达到了六英尺四英寸，在以后的岁月里，他也因此而闻名。

他的体格非常强健，家里也急需他的帮助。因此，他就竭尽所能地帮助父母做一切事情。

1830 年，林肯一家搬到了伊利诺伊州，从那时起，他们一家

的命运开始出现转机。

那时，林肯 21 岁。当时一位非常了解他的人这样描述他的长相："他个头很高，长得瘦削，面相难看，他穿着亚麻布做的裤子，脚踝处收得很紧，膝盖处却相对宽松。他虽然家境不好，但是在街坊邻居中却很受欢迎。"

他造了一艘平底船，得到父亲的同意后，便装载了一船的农产品沿河而下，到市场上出售。正是这次出行，他靠运送两位绅士和他们的行李箱到俄亥俄河上停靠的一艘轮船上而挣了一生中的第一笔钱，对于这件事，他感到非常骄傲，在往后的日子里，他还经常提及此事。

然后，作为一位船夫，他又进行了其他旅程，做得都非常成功。在一次旅程中，他在新奥尔良目睹了奴隶贸易的野蛮。这促使他说："太可耻了！有一天我得到了机会，一定要把这奴隶制度彻底粉碎。"

接着，他被一位叫奥法特的先生雇用，开始在新塞勒姆经营一家杂货店。

在打理这家杂货店的时候，有一次，林肯卖给一位妇女商品，她付了 2 美元 6.25 美分。后来他发现出错了，商店多收了那位顾客 6.25 美分。当晚，在打烊后，他摸黑步行几英里把多收的钱送了回去。

还有一次，一位妇女买了一磅茶叶。林肯第二天早上发现天平上显示的重量不够，便立刻称出剩余的部分，在早饭前步行一段距离给顾客送了过去。

就这样，他赢得了"诚实的亚伯"的称呼。他获得了邻居们的信赖，他们要求他来解决他们的争端，并且发现他的决定一直是很公平和诚实的。

后来，不幸降临到奥法特先生身上，而林肯也到伊利诺伊州参军入伍，参加著名的"黑鹰之战"。他被所在连选为上尉，但是，他和他的人都没有被要求参加任何实际上的战斗。

战争结束后，他返回了新塞勒姆，并接受他人的敦促，参与竞选伊利诺伊州立法机关的成员。但是，他落选了。

像华盛顿一样，他从事过测量员的工作。1833 年，他成了新塞勒姆的邮政局长。在接下来的一年，即 1834 年，另一次州立法机关成员的选举开始了，这一次，他获得了成功，成了桑加蒙县立法机关的一员。

当时国内存在着两个著名的政党：民主党和辉格党，林肯属于辉格党一派。

他仍然很穷，为了能够出席众议院的活动，不得不靠借钱来购买得体的衣服。

在他生命中，进入立法机关是一个重要的节点。伊利诺伊州的州府不久以后就从万达利亚搬到了斯普林菲尔德。迅速成名的林肯开始从事法律研究。

作为一名律师，他毫无疑问非常成功。他同一些知名的律师进行了几次合作，此后，他穷得叮当响的日子便一去不复返了。

　　他仍然坚持通识学习，成了他所在州最为博学和充满智慧的人之一。他将自己的第一笔诉讼费以 160 英亩土地的形式给了他的继母，作为她对他少年时代给予厚爱的纪念。

　　1842 年 11 月，亚伯拉罕·林肯与玛丽·托德小姐在肯塔基州的莱克星顿结了婚，婚后十年是他一生中最为幸福的一段时间。1846 年，他当选为美国国会议员。当年 11 月 6 日，他出席了在华盛顿召开的众议院会议。

　　在国会的第一次重要演讲中，他公开指责了美国同墨西哥之间正在进行的战争，同时还给予赞同奴隶制的政党狠狠的一击。

　　在国会的第一届任期结束的时候，林肯先生决定不再谋求连任。他因此返回了斯普林菲尔德，重新做起了律师工作。

　　1854 年，有一项法案获得了通过，该法案将《密苏里妥协案》搁置一旁，赋予赞成奴隶制的人以更大的权力，林肯再次进入了政坛。他成了伊利诺伊州立法机关的一位候选人，并当选。

　　史蒂芬·道格拉斯先生当时正值自己权力的巅峰，对林肯持强烈的反对态度。

　　1860 年，在跟他最为强劲的竞争对手道格拉斯一同竞争总统时，林肯先生成功当选。1861 年 2 月，他离开斯普林菲尔德，前往华盛顿，在当年 3 月举行了就职典礼。

　　林肯竞选总统的时候，南方害怕奴隶制度会面临严重的危险，他们就竭尽全力对林肯的竞选进行百般阻挠。

　　一些南方的州甚至通过投票脱离了联邦，联邦政府军驻守的萨姆特要塞遭到进攻后，可怕的内战就爆发了。

　　林肯向男人们发出号召，并且很快得到了他们的支持。可敬的
是，当道格拉斯先生看到国家正在面临的真正危险的时候，他不仅
承认了自己先前所犯的错误，还成了林肯的朋友和支持者之一。

　　这场战争，有时也称作"联邦之战"，从1861年开始，一
直持续到1865年。这是我们美国历史上最为令人遗憾的事件。
每一位美国的男孩儿和女孩儿都应该对它从萨姆特堡的陷落到李
将军在阿波马托克斯的投降细节，做一下深入研究。

　　这些对林肯总统而言，就是一些颇具考验的日子。有时候，
他所承受的痛苦非常强烈。但是，他都没有从他认为是自己应
该承担的职责上退缩，他得到了将军们、军队和北方人民的热
烈支持。

　　战争进行的过程中，在给予了适当的警告之后，他颁布了著
名的《解放黑人奴隶宣言》，1863年1月1日，南方的大部分奴
隶都被宣布获得了自由。

　　1864年，也就是
战争结束前一年，亚伯
拉罕·林肯再次当选了
总统。1865年3月4日，
他开始了他的第二届任
期。他在二次竞选时获
得的支持比此前任何总

审阅《解放黑人奴隶宣言》

统都要多。

战争结束的时候，人们都沉浸在尽情的欢庆之中，李将军投降后两天，林肯在国会发表了一次演讲，他强烈要求从联邦脱离的州应该得到宽大处理，要尽可能快和不露声色地重新恢复它们与联邦政府之间的恰当关系。

1865 年 4 月 14 日，为了纪念萨姆特堡陷落四周年，人们举行了一次全国性的庆祝。当晚，总统出席了在福特剧院的一场特别演出。

在演出期间，一个退役演员获准进入了总统的包厢，他将手枪放在了林肯的椅子上，用它射穿了他的头。

刺客虽然在一片混乱之中逃了出来，但是几天后，他还是在位于马里兰州低地的一个藏身谷仓中被人们发现。他拒绝投降，随即被派来抓捕他的一位士兵用枪打死。

第三十一章 加里波第

朱塞佩·加里波第于 1807 年 7 月 4 日出生在尼斯，是意大利北部伦巴第人中一个古老家族的后裔。

年轻的时候，他熟谙水性。根据记载，他在少年时代，就救过几位溺水者的性命。

他有一位优秀的母亲，对他的爱既温柔又真实，似乎在培养他强烈的爱国情感上起过作用，而这种情感形成了他性格中的主要特征。

在母亲的指引和作为校长的村中神父的帮助下，他接受了教育。

他的父亲是一位船员，年轻的加里波第曾经跟随他外出航行过几次，尤其是到过罗马和君士坦丁堡。

加里波第 24 岁的时候，开始

加里波第和他的儿子

热衷于"青年意大利党"的革命运动。他对当时准备从海路侵入意大利的马志尼（1805-1872年，意大利统一运动的重要人物）的有关事迹的熟悉，使他的这种兴趣大受鼓舞。

加里波第的努力归于失败，他不得不匆忙离开了祖国，这样一来，他发现自己在事业的早期，即成了一个流亡者。他先是在马赛避难，接着又加入了法国海军。

他一从往事的纠缠中解脱出来，便做了一次远航。我们发现，1836年，他到了里约热内卢，在那里待了大约十二年。这些年充满了浪漫的冒险，有几次他险些丧命。

拥有大片领土的南里奥格兰德是巴西的一个州，该州与巴西皇帝处于交战状态，加里波第决心同革命者荣辱与共。

他起初掌控着一艘海盗船，这艘船很小，只有十二名船员。但是稍后，作为奖励，他成功地俘获了一艘更大、装备更好的船。与巴西人的遭遇中，他虽然不是百战百胜，但是，他开始使自己成为战争中必须被考虑的影响因素之一。

他越过国界，进入了阿根廷境内。不幸的是，他在那里落入了一个粗野的西班牙裔美洲人手里，那个人不仅用马鞭抽他的脸，还把他放在架子上，让他遭受了好几个小时的折磨，然后又把他投入了地牢。

通过阿莱曼女士，也就是加里波第后来所称的"慈善天使"的讲情，他遭受的痛苦才减轻了一些。没过多久，经过总督的干涉，他才得以从折磨者的手里逃了出来。

一离开阿根廷，他再次穿越国界进入了南里奥格兰德，重新投身于革命者的事业中去。

这一次，他运气不错，做得更加成功，参与了多次战斗，有时只带着几个人。他虽然遭遇了极大的困难，但是却从没有丧失勇气，并且表现出高超的技巧和坚强的个性，而这些都赋予他的建议以极大的权威性。他缓解了几年来使战士们感到烦恼的严格的纪律，这使他在军中颇受欢迎。

在圣卡塔琳娜海岸遭遇的一次飓风使他乘坐的船沉到了水里。在那儿滞留期间，他遇到了一位名叫安妮塔的极具天赋的女人，这个女人后来成了他的妻子。她也是一个很有英雄气概的女人，一直与他同甘共苦，不离不弃。

革命者在一次失败后，加里波第看起来对战争的结果变得有点灰心丧气。他因此告别了在南里奥格兰德的朋友，在蒙得维的亚居住了一段时间。

在蒙得维的亚，他成了城里一所学校的数学老师。但是，教师的生活对于一个具有冒险精神的人来说显得太过平淡无奇，他不久就放弃教职，再次过起了军旅生活。

在南里奥格兰德，有些嫉妒他成功的人密谋对他实施暗杀。但是，他们都未能如愿以偿。

他后来被任命管理一个小中队，并被派去迎击一支实力强大的武装力量，因为有人寄希望于通过这种方式来消灭他。但是，他却以寡击众，获得胜利。圣安东尼奥一战为他赢得了"蒙得维的亚的英雄"这一令他骄傲的头衔。

经历了各种流浪和冒险的他，内心深处仍然保持着对祖国事业的忠实。于是，在阔别祖国二十九年之后，他决定返回意大利。

他克服极大的困难，筹集了航行需要的费用，然后就带着妻子和一些忠实的伙伴于 1848 年在尼斯登上了意大利的国土。

回国之后，加里波第毛遂自荐，想效忠于意大利政府，但是，他们却拒绝了他的好意。最终伦巴第政府接受了他，让他率领一小队志愿兵。

罗马被法国军队进攻的时候，当时的意大利人无论何党派都摒弃前嫌，聚集在加里波第周围，勠力同心将法国军队赶了回去。

但是，法国军队稍后对罗马进行了三个月的包围，意大利人遭到了严重的挫败，很多人在战斗中献出了宝贵的生命。

法国军队占领了罗马，加里波第带领着几个忠心耿耿的志愿兵加入了对奥地利的进攻。但是，他和他的追随者却深陷重围，遭到了奥地利优势兵力的围攻，万般无奈之下，他们被迫解散，逃进了森林。

加里波第想为他勇敢的妻子安妮塔寻求庇护，但是她却被随之而来的艰辛压垮了，死在了丈夫的怀中。

我们伤心欲绝的英雄再次成了流浪者。一位朋友想帮他逃到突尼斯，为他弄到一笔津贴，加里波第高兴地接受了。

加里波第再次远渡重洋，这一次他去了美国。在纽约，他成了一位成功的商人，一直在那里待到 1855 年，然后返回欧洲。

　　回国后，他购买了撒丁岛海岸的卡普雷拉小岛，在上面建造了一栋他称作"隐庐"的小房子。

　　四年后，他再次应召参与保卫意大利的事业，受命率领一个团的兵力，迎击他在瓦雷泽打败过的奥地利军队。他继续在军中服役，直至拿破仑三世作为缔约方的《维拉弗兰卡协定》的签署，这个协定结束了意大利为争取独立而进行的长期斗争。

　　维克托·伊曼纽尔当时是意大利的国王，广为人知的"红衫英雄"加里波第受到了他的热烈欢迎。

　　正是在维克托·伊曼纽尔身上，爱国者希望把意大利的独立自主当作他们工作的中心，他们没有失望。因为，依靠首相加富尔伯爵的英明政策和加里波第获得的许多胜利，意大利的独立自主已经打下了坚实的基础。

　　加里波第在拜见了维克托·伊曼纽尔并盛赞了他作为国王的丰功伟绩后，就退休回到了他的"隐庐"。但是，意大利大部分地区仍然渴望占据罗马，将其作为首都。

　　然而法国支持教皇的势力。1870 年的普法战争迫使法国从罗马撤出了她的军队。

　　当法兰西共和国建立时，维克托·伊曼纽尔被正式告知，法国不会再支持教皇的势力。意大利政府于是通知教皇，罗马从今以后将被看作是意大利王国的一部分。

　　1872 年 7 月 2 日，维克托·伊曼纽尔在罗马定居下来，梵蒂冈王宫成了教皇居住的地方。

　　1875 年，加里波第成了意大利议会的议员。各种头衔和荣誉纷至沓来，但是都被他谢绝了。

　　他的健康状况急剧恶化。因此，他再次退休回到了他的"隐庐"。他于 1882 年 6 月 2 日在当地去世，终年 75 岁。

第三十二章　威廉·艾沃特·格莱斯顿

　　威廉·艾沃特·格莱斯顿出生在一个苏格兰家庭，他是为数不多的在英国国家事务中发挥过举足轻重作用的苏格兰人之一。

　　12岁的时候，他被送往伊顿最为著名的公学学习。在那里，他举止优雅，定期出席宗教仪式，颇为引人注意。根据记载，他在学校里能比其他男孩背诵出更多的圣经诗篇。

　　格莱斯顿先生的性格因为具有多面性而很难进行分析，正是这个原因，他经常被人们误解，并为此失去了很多朋友。

　　22岁的时候，他毕业于牛津大学基督教会学院，获得了那所学院可以授予的最高荣誉。

　　毕业的时候，一则对他外貌进行描述的报告中说："他长相英俊，棱角分明，颇有男子气概。他双眼炯炯有神，头发在辩论时会甩到后面，犹如狮子的鬃毛。他会说5种语言，是一位优秀的男高音歌唱家，还同许多英国重要人士保持着良好的关系。除此之外，他非常富有。"

　　他在学院的影响很是持久，连红衣主教曼宁都说："在牛津

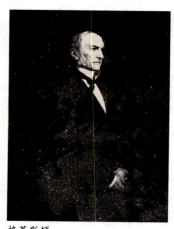

格莱斯顿

大学，正因为格莱斯顿（19 世纪）30 年代在那儿待过，人们 40 年代喝的葡萄酒明显减少了。"

看起来，他有志于成为英国教会中的一名牧师，他学习的时候也是以此为目标的。

他父亲对他还有别的规划，在某种程度上迫使他进入了政界。因此，刚一毕业，他就参与了议会选举，获选后，立刻就在下议院让人们感受到了他的影响力。

此后的六十多年里，他一直被作为同英国政府有关的、对各种问题都有影响的重要人物之一来看待。

33 岁的时候，他成了英国内阁的成员。但是三年后，他的绝对诚实迫使他从内阁辞职。反对他的人说："格莱斯顿是一座死火山。"然而，他们不断发现，制服一座火山是一件很困难的事情。

在家庭生活中，他表现得温文尔雅、和蔼可亲，又热情好客。他很有社交天赋，性情也比较温和。他对朋友总是以诚相待，他们对他有着近乎偶像般的崇拜。

他在议会的首次演说，就是同西印度群岛上奴隶的解放运动有关的，但是他看起来主要使自己局限在为他父亲财产经营的方式进行辩护上，辩论的过程激发了一些对他父亲在西印度群岛上财产的经营的指控。

1835 年 1 月，罗伯特·皮尔爵士任命格莱斯顿到财政大臣那儿做了一位低级官员。皮尔很快就赏识这位具有很强的能力和丰富的商业知识的新员工，第二年，便任命他为殖民地次官。

皮尔在让格莱斯顿做了殖民地次官后不久，便离开了岗位。约翰·罗素勋爵提出了一系列关于爱尔兰教会的动议，皮尔被击败，因而辞职。自然而然地，格莱斯顿也随之离开了。1841 年，皮尔爵士再次掌权，格莱斯顿被任命为贸易委员会主席。

在 1847 年大选期间，格莱斯顿先生仍然以托利党党员的身份被选举为牛津大学的议员之一。

直到导致了《谷物法》被废除的那场运动，格莱斯顿先生一直是个相当保守的托利党党员。《谷物法》引起的焦虑极有可能最早使他开始考虑社会和立法体系中可能存在的缺点，向他表明了至少在某一个方面进行改革的必要性。

皮尔爵士于 1850 年的去世使格莱斯顿先生丧失了一位值得信任的领袖和一位亲密的朋友。但是，这位领袖的去世，把格莱斯顿更加直接地推向了前台。

皮尔去世后，他迫使下议院和国家在他身上看到了一位议会辩论的超级大师。实际上，格莱斯顿先生在议会做的第一次重要演讲与迪斯雷利先生 1852 年冬天做的预算有关，那是新政府成立后的第一次会议。

　　迪斯雷利先生在凌晨 2 点钟就坐，接着格莱斯顿站起来回答他。下议院的大多数，即使是那些站在反对派一方的人都充分相信，在迪斯雷利先生这样的发言过后，下议院不可能再有任何令人印象深刻的发言了。然而，格莱斯顿先生的演讲结束之前很长一段时间，每一个人都承认迪斯雷利先生的发言被超越了，格莱斯顿完全被认可为当时的风云人物，一个可以与博林布鲁克（1678-1751 年，英国政治家、政治作家）、皮特（1708-1778 年，英国政治家、军事家、战略家）和福克斯（1749-1806 年，英国辉格党资深政治家）齐名的人。

　　那次演讲开启了这两位伟大的辩论大师格莱斯顿先生和迪斯雷利先生之间长久的议会之争。而且，他们的斗争持续了二十四年。

　　托利党组阁的短命政府倒台，阿伯丁勋爵登上了首相宝座。他组建了著名的联合内阁。帕默斯顿勋爵担任了大部分人都感到不适合他的内政大臣一职。被他人称作"皮尔党人"的格莱斯顿先生加入了新政府，还被任命为财政大臣。

　　虽然人们都怀着无比巨大的兴趣期待着他的第一次预算演讲，但是，那些听众中可没有人会料到预算会被压缩成一句话。格莱斯顿先生的预算演讲是美学领域的一大胜利。

　　虽然克里米亚战争引起了联合内阁的瓦解，但是，1859 这一年却也见证了帕默斯顿勋爵重回首相宝座和格莱斯顿先生作为财政大臣的留任。

　　帕默斯顿勋爵于 1865 年的去世使得罗素勋爵得以继任首相一职，还使得格莱斯顿先生成了下议院的领袖。

　　格莱斯顿先生的思考早已转向一个使选举权变得更加广泛的领域。每个人都认为罗素勋爵和格莱斯顿先生当时是事件的主导者，一项改革议案也肯定会到来。该议案在 1866 年被提了出来，它是一项非常温和、谨慎的议案，将选举权扩大至自治镇和郡。不过，由于保守党的反对，议案未获通过，这位自由党政治家因此下台。

　　在当时的某个地方，格莱斯顿先生的注意力开始被吸引到爱尔兰的状况上。爱尔兰的贫困和混乱状态，持续不断的大众化焦虑和不满，以及打算进攻卡斯特城堡的芬尼亚暴乱，促使格莱斯顿先生有了一种信念，即政治家必须通过议会实现对一些程序进行纠正的时代已经到来。

　　1868 年，自由党再度执政，格莱斯顿先生成为首相。

　　在本届政府的第一次会议上，他对爱尔兰实施了国家教会的政教分离并没收了它们的基金。在接下来的一次会议上，他通过了一项措施，首次承认爱尔兰佃户拥有自己通过出钱出力而做出改进的权利。格莱斯顿成为首相以来，使英国历史上第一次出现了一个几乎在各个方面都大刀阔斧地进行积极改革的时期。

　　正是在这个时期，很大程度上通过格莱斯顿先生的努力，英国建立了第一个国民教育体系。为了保护选民，以便他们在选举中能够按照自己的意愿投票，并在选举结束后不必承受痛苦的结果，政府通过了《选举法案》。这两项措施对英国人民来说都具有重要的价值，他们对两者的评价甚高。

有一段时间，格莱斯顿先生专注于文学和历史研究，发表了相当多的随笔和小册子。但是，即使在文学生涯中，格莱斯顿先生也会经常关注下议院的一举一动，因为查理五世正在他的修道院中密切注视着外面政治领域的变化。

土耳其官员在保加利亚的暴行激起了他极大的愤怒，他把书摔到地上，从书房中冲出来，宣扬在欧洲组织一次十字军东征，去讨伐奥斯曼帝国。

在这个时间节点重新担任首相使他不得不面临重重困难。在埃及麻烦不断，在苏丹和南非还有即将爆发的战争，在爱尔兰还有诸如农业革命正在进行，在下议院支持自治的政党正处在新的、坚决的、毫不妥协的斗争之中。

几个月后，他就辞职了。接着，大选来临。这些选举是格莱斯顿先生新近实施的改革法案框架下为新选民提供的第一次机会。这些选民将他重新选举为首相，他又一次承担起领导职责，力求指引英国这艘大船渡过危机四伏的海域。

在他的领导下，尽管遇到了极大的阻力，《爱尔兰自治法案》还是得以通过。但是，《法案》在上议院进行表决时几乎遭到了议员的一致反对。

随着时间的流逝，这位"政坛元老"开始显现老态。毕竟，他已经84岁了，感觉自己已经无法同时间进行抗争了。他因此辞职，于 1894 年退出了政治舞台。

格莱斯顿先生在议会工作了六十三年，其中，他做了二十六年的自由党领袖。

他的政治生涯有三个最为值得注意的表现：1866 年，对爱尔兰教会实施的政教分离。1876 年，反对英国对土耳其的支持。1886 年，对爱尔兰自治的支持。同时，他还与 1855 年和 1884 年实施的两项重要改革法案有很大关系。

格莱斯顿先生树立了一个光辉灿烂的榜样，他不仅一生致力于国家的政治事务，还保持着他的道德和宗教品质。

1898 年，他在位于哈登城堡的家中去世。

第三十三章　冯·俾斯麦伯爵

奥托·爱德华·利奥波德·冯·俾斯麦于 1815 年 4 月 1 日出生在普鲁士萨克森靠近施滕达尔的施罗本豪森庄园。

他祖上几代人在战场和外交圈都非常有名。

他们是普鲁士贵族的后裔，他祖父是腓特烈大帝的枢密院顾问。

6 岁的时候，他进入了柏林一所寄宿学校，在那里，他告诉我们他们"供应上好的肉，往往配有欧洲萝卜"。

12 岁的时候，他开始受到普雷沃斯特博士的影响，后者为了开阔他的视野和增强他的性格做了大量的工作。

度假的时候，他靠参加适合男子的运动来培养自己的忍耐力。后来，17 岁的时候，他为了学习法律而进入哥廷根大学。

作为学生，他的表现并非可圈可点。他没有严格按照课程的规定学习。在大学的第一个学年里，他与同学打了 28 次架，其中有一次，他的左脸颊还受了伤，留下的疤痕一直伴随着他此后的人生。

1833 年，他离开哥廷根大学，去了柏林大学。经过几年的学习，他虽然获得了可以使他从事专业工作必需的文凭，但是，他却决定致力于打理他的庄园。

32 岁的时候，他被选为议会议员。他很快就给人们留下了足智多谋和深谋远虑的印象，而且他们对他的信任每年都在增加。

对于那些反对他的人，他会在表面上给予极大的耐心。但是，他只是在等待着能够给予决定性打击的时机，进而来确保最终的成功。这是他整个事业中显著的特征之一。

看起来，在他政治生涯之初，人们就决定接受他的这种性格，他们变得非常喜欢他。

他的目标是保持欧洲的和平。他运用高超的技巧为自己和他的同胞规避麻烦，很快就使他自己在国内外赢得了名声。

虽然他早年就生活在普鲁士人中间，但是，因为对权力的渴望，他开始讨厌他们。

在 1847 年参与的第一次普鲁士议会上，他在其中的一次演讲中说，"把城市带走，我希望看到它们全部被夷为平地"。这些话语中隐含着他常对自由阶级显示出的社会仇视的口吻。

拿破仑三世与俾斯麦在色当

他紧紧追随着加里

波第争取意大利的统一和独立的斗争的脚步，看起来同样确定的是，俾斯麦所采用的方法在一些场合也被加里波第给效仿了。

有许多普鲁士以外的人，由于俾斯麦为德意志统一所付出的努力，非常仰慕他。但是，在德意志南部的人却是同样强烈地厌恶他。

经历过许多挫折之后，他继续平静地朝着他感受到的责任的道路挺进，有二十多年，他的事业都是异乎寻常地繁荣。

在不同时期，俾斯麦被任命为驻奥地利、俄国和法国公使。1862 年，47 岁的时候，他成了普鲁士的首相兼外交大臣。

国王的弟弟非常不赞成俾斯麦将奥地利从重组后的德意志联邦排除出去的计划。即使是王后看到这项措施也感到害怕，因为她是在立宪政府的原则下成长的。

英国王室公主也对他显示出痛苦的神情，因为她为她孩子们的将来忧虑。但是威廉国王是他的忠实朋友，俾斯麦从不为把信心寄托在国王的忠实上感到后悔。

普鲁士国王威廉一世宣布成为德意志帝国皇帝

1866 年 5 月，一位名叫科恩的狂热分子试图杀掉俾斯麦。有人对暗杀失败公开表达了他们的遗憾。

俾斯麦致力于两个主要目标：一是将奥地利的地位转移到东方，一是在普鲁士的主导下实现德意志的政治统一。

他看起来已经感到，如果奥地利在联邦机构的位置被除掉，她将会成为新德意志的一个永久性的盟友。经过一段时间之后，无论对她自身的利益还是对那些欧洲国家的利益来说，都将会是一种更好的选择。

俾斯麦有两个强有力的反对者，即法国的拿破仑三世和英国的罗素伯爵；一些人认为他在努力促成法国同俄国的同盟。但是，他只衡量那些与他有关的人，为了德意志帝国的加强和巩固来拟订他心目中的计划。有人说："俾斯麦一直以来的不幸就是被误解。"

在1870至1871年间爆发的普法战争中，法国遭遇了惨败。但是，俾斯麦最感兴趣的却是，战争在德意志人中导致了一种民族热情，1871年，在凡尔赛，新的德意志帝国建立起来，普鲁士的国王成了帝国的皇帝。

同样是在这个时候，俾斯麦被授予了亲王的头衔。

1871年5月10日，普法签署了《法兰克福条约》，法国被迫将阿尔萨斯省以及洛林的大部分割让给德意志，并支付50亿法郎的战争赔款。

俾斯麦当时对"祖国"的利益给予了密切关注。德意志是一个联邦，虽然一些德国人自己并非热衷于这种叫法，但是他们还是予以接受，因为这样可以避免在政治事件中做任何急剧的改变。

俾斯麦在凡尔赛

在俾斯麦高超的运作下，德国已经变成了一个强大的国家，这使得同法国的战争不再是一件令人畏惧的事情。

德意志还因为其殖民政策而非常感激俾斯麦。虽然世界上只有几个德国的殖民地港口，但它们却掌控着非常庞大的贸易活动，不过，这需要他的机智和坚持不懈来让人们看到这项政策能够给他们带来的有利条件。

威廉一世死后，腓特烈亲王继承了帝位，即腓特烈三世。但是，他却是一个短命的人。

当威廉二世登上帝位的时候，人们很容易看到，这位皇帝和首相在很多问题上都存在分歧。俾斯麦于是在 1890 年 3 月 20 日向威廉二世辞职，正式退休。

皇帝授予他劳恩堡公爵的封号。他对德意志帝国的各种事务抱有极大的兴趣，直至 1898 年去世，享年 83 岁。